“抵御外侮——中华英豪传奇”丛书

丛书主编　张海鹏

黑旗将军

刘永福

王　涛◎著

南京出版传媒集团
南京出版社

图书在版编目（CIP）数据

黑旗将军刘永福/王涛著. —南京：南京出版社，
2018.4（2022.6 重印）
（抵御外侮 ：中华英豪传奇）
ISBN 978-7-5533-2075-5

Ⅰ.①黑… Ⅱ.①王… Ⅲ.①刘永福（1837—1917）
—传记 Ⅳ.①K825.2

中国版本图书馆 CIP 数据核字（2017）第 310081 号

书　　名　黑旗将军刘永福
作　　者　王　涛
出版发行　南京出版传媒集团
　　　　　　南　京　出　版　社
社址：南京市太平门街 53 号　　邮编：210016
网址：http://www.njcbs.cn　　电子信箱：njcbs1988@163.com
联系电话：025-83283893、83283864（营销）　025-83112257（编务）

出 版 人　项晓宁
出 品 人　卢海鸣
责任编辑　范　忆
封面设计　王　俊　王　敏
责任印制　杨福彬

排　　版　江苏凤凰制版有限公司
印　　刷　江苏凤凰通达印刷有限公司
开　　本　787 毫米×1092 毫米　1/32
印　　张　4
字　　数　65 千字
版　　次　2018 年 4 月第 1 版
印　　次　2022 年 6 月第 5 次印刷
书　　号　ISBN 978-7-5533-2075-5
定　　价　18.00 元

用微信或京东
APP扫码购书

用淘宝APP
扫码购书

上架建议　教育·历史

编 委 会

总 序

在中华民族的历史上，沿海倭寇的肆意袭扰，西方列强的坚船利炮，侵华日军的烽火狼烟，一次又一次将中华民族推向生死存亡的边缘，给中华民族带来了深重的灾难与难以磨灭的痛苦记忆。中国从一个封建国家演变为一个半殖民地半封建国家。国运危亡，威胁着每一个中国人。

天下兴亡，匹夫有责。抵御外侮，救亡图存，成为面临外敌入侵、民族危亡时中国人思考的第一课题。也正是在这样的危难时刻，中华民族产生出一个又一个舍生取义、矢志报国的英雄豪杰，他们一回又一回地挽狂澜于既倒，扶大厦于将倾。他们的丰功伟绩，不只是单纯地拯救了某个王朝，某个皇帝，而是拯救了整个中华民族的血脉与希望；正像我们

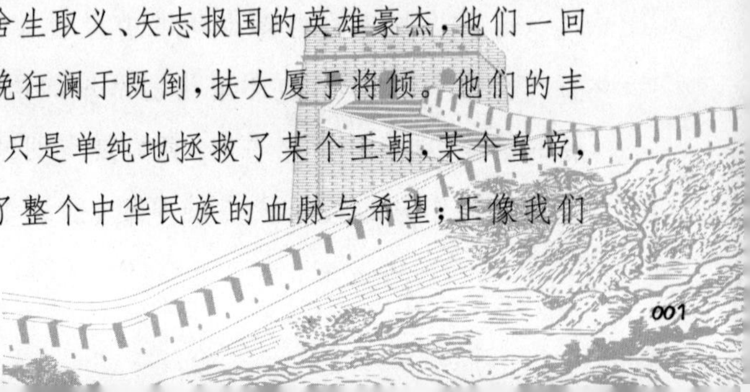

的国歌所唱的那样:把我们的血肉铸成新的长城,他们的奋斗和牺牲,把中国的历史命运一次一次推向一个进步的新阶段;他们的高风亮节,不只是中华儿女景仰、学习的榜样,也是人类不屈不挠、英勇抗暴精神的象征。抗敌御侮的英雄事迹,构成了中华优秀传统的新的篇章。

中华民族没有在外敌面前屈服、倒下,而是在一次一次斗争后走向新生,走向进步。作为唯一延续至今未曾中断过的中华文明不断在成长,中华民族依旧傲然挺立于世界民族之林,中华民族的文化传统,不仅没有消逝在历史长河之中,反而发扬光大,成为造就中国特色社会主义的基本历史因素。

为了歌颂中华英豪的爱国精神,为了纪念中国人民抵御外侮的伟大事迹,为了弘扬优秀的传统文化,南京出版传媒集团·南京出版社推出“抵御外侮——中华英豪传奇”丛书。

这套丛书是面向青少年的普及性读物,聘请各有所长的学者撰写,力图用生动活泼的语言,引人入胜的故事,准确的历史事实,努力展现明清以来各个时期抵御外侮的英雄豪杰的事迹,描绘每一位英豪的成长历程和闪光人生，再现了他们人生的不朽光辉。丛书通过这些在抵御外侮中发挥重大作用的英雄人物，向广大青少年表达了中华民族热爱和平、热爱祖国的家国情怀。

如今，我们正走在中华民族复兴的伟大征程之上，国家发展前程似锦，国际地位日益提高，全世界的目光都在转向中国，可以说，今天的中国距离中华民族复兴的伟大梦想，比以往任何时候都更为接近了。越是在这种时候，我们越是要记住为实现中华民族伟大梦想而奋斗、而牺牲的先烈；在我们昂首阔步走向未来新征程的路上，我们更应该居安思危、以史为鉴。历史已经证明：每一段抵御外侮的历史，都是一段维护正义的历史；每一场抵御外侮的斗争，都是一场维护和平的斗争；每一次抵御外侮的奋斗，都是一次为了实现人民美好生活的奋斗，正义终将胜利，和平终将胜利，人民终将胜利。

“抵御外侮——中华英豪传奇”丛书在传播正能量、弘扬爱国主义情怀的同时，提醒我们，在和平时期，抵御外侮的精神同样不可或缺，抵御外侮的英豪也同样不应遗忘，我们今时今日所有的成就与繁荣，离了这种精神、这些英豪，都是万万不可想象的。

“抵御外侮——中华英豪传奇”丛书，不只是为了缅怀先烈，更是为了激励后人；不只是为了铭记历史，更是为了展望未来。

为青少年编写历史小丛书，是一项崇高的事业。20世纪50—60年代，吴晗主编了《中国历史小丛书》《世界历史小丛书》，对当时的青少年起到了历史教育的奠基作用，事实证明是成功的出版经验。我期待南京出版社继续努力，把这个崇高的事业承担起来，拓展开来。为这个崇高的事业投入人力、物力和财力，是会得到善报的，这个善报，不在多少金钱，而在一代一代具有丰富历史知识的青少年的成长，他们将成为国家的栋梁。

张海鹏

（中国社会科学院学部委员、中国史学会原会长）

目 录

引言/ 001

第一章　悲苦童年/ 005

第二章　黑虎出山/ 016

第三章　率部入越/ 031

第四章　两战纸桥/ 039

第五章　中法开战/ 049

第六章　离越归国/ 064

第七章　赴台抗日/ 079

第八章　将军晚景/ 097

参考书目/ 117

引　言

2017 年 6 月，本书行将完稿之际，怀着尽可能与历史人物亲近的强烈冲动，我开始了刘永福史迹探访之旅。

广西钦州是此行的首站。在钦州站，当我一头扎进出租车，对司机说要去刘永福故居，一路上司机没有任何解释，20 分钟后顺利到达目的地。这使我不由回想起寻访徐广缙史迹的经历，十几年前，在清代两广总督徐广缙的家乡安徽太和县的大街上，当地人面对一个年轻人的冒昧询问，除了摇头，再没有更多的话，犹如钦州司机没有追问一般。就在我探访太和徐广缙遗迹两年后，钦州人为刘永福隆重举办了诞辰 170 周年纪念会。2017 年，又迎来了刘永福诞辰 180 周年和逝世 100 周年。

刘永福出生的 1837 年，正值鸦片战争和太平天国运动爆发前夕，中国的内忧外患笼罩着他的童年时代，家境贫寒的刘永福在时代的夹缝中喘息。为了吃饱饭，他参加了当地的秘密会社组织。此后，几经周折，经广西进入越南。19 世纪的越南，也面临着与中国同样的外来威胁。在那里，刘永福带领黑旗军与法军展开了激烈的战斗。在中法、中日冲突的时代背景下，严酷的战争环境，让英勇善战的刘永福，迅速成为万众瞩目的民族英雄。孙中山先生即言："余少小即钦慕我国民族英雄黑旗刘永福。"

1917 年英雄离世，时任中华民国大总统黎元洪在唁电中评价："钦州渊亭，国之宿将。"如今，刘永福逝世百年之际，高度概括其一生的这八个大字，被制作成宣传标语，与刘永福塑像一起，赫然摆放在刘永福故居的入口。"宿将"二字，是对其一生最好的概括。在那个举国受辱的年代，刘永福是"为中华吐气"的人，黑旗军的顽强作风和英勇善战的上佳表现，有力支撑起国人的精神和信心。"宿将"之谓，在 19 世纪后半期与别国交锋的时代，也许只有包括刘永福在内的少数几个人能配得上。

为国尽力的英雄人物，纵一时被时光的洪流遮掩，然其光芒终要散发出来。何况对于刘永福，时光并不曾遮蔽。在钦州，刘永福旧居"三宣堂"被完整地保存下来，与抗法名将冯子材旧居一起，成为钦州少有的全国爱国主义教育基地。远在郊外的刘永福墓，则作为省级文物保护单位，静静地掩映在丛林中。同时，我也欣喜地发现，地处偏僻的防城港那良小镇，刘永福旧居仍然存留着。钦州不曾忘记刘永福，广西更不曾忘记刘永福，在刘永福的祖居地博白县，刘氏宗祠依然是当地重要的历史文化资源。而黑旗军的起源地安德镇，不仅北帝庙依旧留存于人们的记忆中，而且专为刘永福及黑旗军修建的凯旋塔也巍然矗立着。广西之外，作为钦州母体的广东，刘永福及黑旗军遗留的痕迹依旧散发着熠熠光芒。刘氏家庙得到了应有的重视，刘义亭在20世纪的抗日大背景中修建，又在新一轮的文化建设中得以重生。永福路、永福村，这些刻意而为的纪念地名，昭示着这位英雄与一个城市的曾经过往，也说明后世人们的念念不忘。

2017年，迎来了刘永福诞辰180周年和逝世100周年。为纪念这位英雄人物，弘扬其伟大的爱国主义精神，刘永福生平事迹展于2017年7月3日在南宁市的广西壮族自治区博物馆开幕，同时刘永福纪念馆也于2017年10月10日在钦州市开馆。在校园、军营等，刘永福的英雄事迹被广泛传播，社会各界以书法、美术、戏剧、学术研讨等多种形式缅怀其波澜壮阔的一生。

漫漫历史长河中，个人沉浮隐显，是再正常不过的事了，而始终有那么一些人，牢牢占据着人们的记忆空间，刘永福就是其中的一个。

第一章　悲苦童年

时光回到100多年前的清代道光年间。

刘永福

道光十七年(1837)九月十一日,广东钦州防城司古森洞小峰乡(今广西防城港市防城区那良镇小峰村),伴随着一声婴儿的啼哭,往日笼罩在农民刘以来脸上的愁云顿时散开了,代之而来的是幸福的泪花。

对42岁的刘以来而言,这是一份迟来的喜悦。刘家三代单传,到了父亲刘应豪这一代,开枝散叶,生下了自己和弟弟刘以定,改变了单传的局面。刘以来一家虽勤勤恳恳,日出而作,日落而息,然而终是食不果腹,处于赤贫境地。父母去世后，兄弟俩甚至连媳妇也无力迎娶，不得不背井离乡，从祖辈居住的博白县迁居到小峰乡。经过十余年的苦心经营，刘以来40岁才勉强娶了邻村的寡妇陈氏，而弟弟刘以定，更是两年后才完婚。寡妇陈氏改嫁刘家时，带了一个儿子，名叫李保哥。比着保哥，刘永福算是老二，刘以来夫妇按照孩子的排行，叫这个新生儿为“刘二”。在广东话里，“二”和“义”“毅”读音相近，因此史书里也有称刘永福为“刘义”或“刘毅”的。至于现在人们熟悉的“刘永福”，则是他到越南后自己所改。

广西博白县刘氏宗祠

小贴士

博白县刘氏宗祠：1886 年，刘永福从越南归国，与部下刘萤商议在博白县建立祠堂。1889 年刘史魁携资金回博白兴建，次年建成。博白刘氏宗祠建筑面积 1120 平方米，砖木结构，三进九室，琉璃瓦筒盖顶，雷纹脊饰，壁画精湛，匾额楷书“刘氏宗祠”，门联为“青田世泽，白水家声”。

短暂的喜悦之后，艰难的生计依旧困扰着刘家。

本来，迁居小峰乡后，哥哥刘以来以卖酒为业，弟弟刘以定靠杀猪卖肉为生。一人在家照料，一人四处游走售卖，日子渐有起色。兄弟俩有了些积蓄，盖了三间泥砖房，不仅结束了住茅草屋的日子，还娶上了媳妇。可是，弟弟刘以定在外出售卖猪肉时，沾染上了赌博的恶习，常常连本金也输得精光，刘家的日子越过越艰难。俗话说“贫贱夫妻百事哀”。对于弟弟的赌博恶习和家里的拮据情形，陈氏难免对丈夫刘以来发发牢骚，而刘以定夫妇也常常因为赌博一事闹得不可开交。思前想后，痛定思痛，为减少家庭矛盾，刘以来决定与弟弟分家单过，以维持来之不易的小家庭。分家后，刘以来把房子给了刘以定，自己则带着陈氏、李保哥及幼小的刘永福迁往不远处的北鸡村，另谋生计。迁居北鸡村后，刘以来一家开始是租田耕种。一年后，由于难以维持生计，刘家退掉所租之田，开垦了一些低洼荒地，同时开始经营一个信菇作坊（信菇是香菇的一种），平日收购山民采摘的湿菇，焙干后到外地售卖，妻子陈氏则做些接生的活计。夫妻俩尽管很是辛苦，但依然只能勉强维持过日子。

生活的艰辛，也深深影响着幼小的刘永福，迫使他早日为家庭做些力所能及的事情。距刘家不远的小水沟里，偶尔有些小鱼出没其中，于是刘永福就每日搜罗些虫子作为诱饵，用鞭夹着，捉些鱼儿来改善家里的生活。那一年，他才5岁。在刘永福晚年的回忆里，他还特别提及捉鱼的童年往事，可见5岁孩童玩耍的天性里多多少少夹杂着个人的刻意自觉。

日子就这样紧巴巴地过着，刘以来的信菇生意一日不如一日，家里生计愈发艰难，甚至到了家徒四壁、一贫如洗的地步。

眼看快要活不下去的时候，一个人的到来，改变了刘永福一家的生活轨迹。

此人是刘以来的堂兄，家住广西上思州平福新墟八甲村。见面之后，一番寒暄，堂兄问起刘家近况，刘以来如实相告，堂兄建议刘以来举家迁往他处。起初，住久相安、离家不惯的刘以来并未立即采纳这一建议，而是以“到处杨梅一样花”（意思是到哪里都是一个样，没有什么分别）作答，并顺口问道：“若作他迁，迁往何处？”堂兄说：“我虽非富翁，但在上思州还有多余的几亩薄田，有几间破房可供你们栖息。若不嫌弃，可以到我那里去，总比在这里强。”

一番犹豫之后，刘以来听从了堂兄的建议。他变卖了小峰乡的家产，为迁居上思州做准备。就在刘以来把家中物件一卖而空、检点行囊将要西行之际，传来了一个令人沮丧的消息。原来，堂兄的儿子，诨名“掌鸭大”，因牵涉一宗谋反案件，被衙门收监。原本迁徙之心并不强烈的刘以来犹豫了，但因家产已变卖一空，最后不得不踏上了西迁之路。这一年，8岁的刘永福依依不舍地离开了熟悉的北鸡村，还有他经常捉鱼的小水沟，向着陌生的八甲村走去。

刘以来堂兄居住的八甲村，即今天的百甲村，地属广西防城港市上思县，是平岩河和平福河的交汇处。较之北鸡村，这里更适合居住。来到八甲村后，刘以来一家四口住在堂兄的榨油房里，耕种堂兄的田地，种些蔬菜和红薯之类为生。空闲时，刘以来替堂兄到上思州州衙的监牢里看望在此服刑的侄子“掌鸭大”，送些饭菜和衣物。在八甲村，刘以定结识了烧砖瓦窑的凌海深，两人甚是投缘。凌海深见刘永福聪明伶俐，颇为喜欢，遂认刘永福为干儿子，闲暇之余，有些武术基础的凌海深教给刘永福一些拳脚功夫，两家关系很是融洽。

不觉日子过了数年。这一年，堂兄变卖房舍田地，买通了衙门，换得“掌鸭大”的自由。堂兄房舍田地换了主人，原本依赖堂兄一家的刘家，在八甲村无法立足了，不得不搬到河对岸的柜口村。柜口村虽然与八甲村仅一河之隔，但已经超出上思州的范围，属于迁隆地界了。

时光飞逝，转眼又过了几年，刘永福慢慢长大了。13岁那年，他已经在平福河的滩艇上做佣工了。机灵的刘永福通过察看滩中形势湾环、深浅宽窄，很快熟悉了水路。两年后，15岁的刘永福已成为一名出色的滩师。

就在刘永福逐渐走向社会、即将独立的时候，不幸的事情接二连三地发生了。

刘永福17岁这年，由于长期的奔波劳碌、营养不良和疾病缠身，不到半年光景，母亲陈氏、父亲刘以来、叔叔刘以定先后离世。陈氏是咸丰二年(1852)八月去世的。由于曾经做过稳婆，当时婴儿成活率不高，所以在那些活下来的孩子中，陈氏认了不少义子。在义子们的帮助下，刘永福一家还能勉强凑钱买一副薄棺安葬陈氏。等到十一月刘永福的父亲去世时，家里只能用床板安葬了。而年底叔叔刘以定过世时，家里甚至连床板都没有了，只能在墓中垫些木梢，用席子卷起来简单掩埋作罢。

小贴士

稳婆：古代有三姑(尼姑、道姑、卦姑)、六婆(牙婆、媒婆、师婆、虔婆、稳婆)之称，稳婆系六婆之一。清代稳婆主要有两种类型，一是帮人接生，二是在官府里验女尸，刘永福的母亲陈氏属于前者。从事接生者之所以叫稳婆，某种程度上是因为在古代已注意到情绪对产妇生产的影响，开始重视接生者的素质，因此产妇生产时多找那些老成持重的妇女来帮助接生，日久有此称谓。

刘永福父母墓

叔叔刘以定是咸丰二年九月来到柜口村的，彼时母亲刚过世，全家笼罩在失去亲人的悲痛中，叔叔的到来给这个失去亲人的家庭增加了些许慰藉。由于极度贫困，加之因赌博产生的无休止的家庭争吵，刘以定在钦州已经无法立足，于是只身前来，想在哥哥家讨口饭吃，没想到刘永福一家的日子也是这么难熬。更令刘以定想不到的是，不仅嫂嫂在自己到来之前一个月已过世，哥哥也在不久后撒手人寰。失亲之痛给了刘以定重重一击，面对疾病的侵袭，愈加失去抵抗力了。在哥哥过世一个月后，刘以定撇下李保哥、刘永福这对悲哀惊恐、无依无靠的兄弟，也离开了那个动荡不安的社会，追随哥嫂而去。

除了悲伤和孤独，兄弟二人还背负着先人留下的债务。悲戚之余，刘永福和李保哥不得不面对形形色色的债主。无奈之下，兄弟俩变卖家产，勉强偿还了旧债。一番折腾后，刘永福与李保哥已经无以为家，兄弟俩白天打柴，晚上就住在关帝庙里。就在刘永福兄弟困顿窘迫之际，邻乡高凤村（今广西上思县高凤村）的陆二叔向刘永福伸出了援助之手。陆二叔是刘永福的忘年交，平日在

越南国王敕封刘永福父诰命碑

八甲滩上看水磨，帮人磨谷碾米。刘永福做滩师时也经常到八甲滩，故二人很熟悉。眼见刘永福兄弟父母双亡，陆二叔动了恻隐之心，把自家的茅屋无偿借给兄弟二人暂住。

从此，兄弟俩踏着父母的足迹，与先辈们一般，开始了一段日出而作、日落而息的艰苦生活。

刘永福早年的艰苦经历和窘迫的生活处境，对其后来的历程产生了深远的影响，并在其行为决策中得到充分体现。比如他在最初的反清经历中，更主要的是为了能够有口饭吃、活下来。为了吃饱饭，刘永福不断投靠新的队伍，最初刘永福跟随旗头黄义章投奔黄思宏，后黄思宏与黄义章回太平府，军中事务交刘永福处理。因无米可发，每日每人发钱一文，甚至到了大年除夕只有粥喝的境地。这种情况下，刘永福只得转投吴亚忠。在吴亚忠无粮时，刘永福坚决要求出去寻粮。尽管吴亚忠很看重刘永福的英勇，视其为左膀右臂，还特意把妹妹许配给他，企图以姻亲笼络刘永福。但刘永福深知生活艰辛，并不以人情姻亲为困，不仅外出寻粮后迟迟不归，且派人打探吴亚忠是否有粮，甚至传话给吴亚忠："有米食则回，无米食则不回。"表现出了强烈的务实态度。刘永福打出自己的旗号后，特别重视粮食问题，虽与当时队伍中粮草不足的处境有关，但也有其早年的体验在起作用。当时刘永福曾自嘲："米无一筒，衣无两套，听人饭碗响而后可充饥，若得一日两餐，愿已足了。"此当为实际情况和真实心境之写照。

第二章　黑虎出山

刘永福有“黑旗将军”之称，获此雅号，是因为他所领导的队伍叫黑旗军。

说起黑旗军，可能首先想到的是刘永福的队伍。实际上，除了 1864 年刘永福创建的黑旗军，1861 年山东堂邑、馆陶等地爆发的一次农民起义，也曾打出过“黑旗军”的旗号，这支队伍由宋景诗等人率领，旗帜为黑色，故称

黑旗军军旗

黑旗军。

那么，刘永福的队伍为什么叫黑旗军呢？是否也与旗帜颜色有关呢？

说起黑旗军的创建和得名，还得从刘永福早年的奇异经历说起。

小贴士

宋景诗（1824—1871）：山东堂邑县柳林镇小刘贯庄人，祖籍山西洪洞县，明代迁入山东。宋家兄弟姐妹五人，宋景诗排行老大，读过两年书，略通文墨，精于武艺。由于其性格外柔内刚，人极温和，故有“宋大妮”“宋丫头”“宋姐儿”之称。起义前一度以售卖豆腐干、豆腐丝、油盐为生，也烧过窑，帮人做过饭。在太平天国北伐军的影响下，为反抗清政府的压迫，宋景诗与白莲教首领秘密联络，组建了绿、黄、白、红、黑五大旗军事组织，1861 年在山东堂邑、馆陶、临清、冠县一带发动起义。宋景诗所领为黑旗，号称黑旗军。

刘永福 20 岁那年，一天他在山上打柴，午后犯困，不知不觉在一块石板上进入了梦乡。梦中，只见一个长须老人朗声道：“这不是黑虎将军吗？为什么隐居在山林中呢?”刘永福当时并没有在意。不过,后来刘永福组建黑旗军,与此梦有极大关系。可以说,黑旗军的立名,这个梦起到了关键作用。

在中国历史上,梦是一种奇特的文化现象,汗牛充栋的古代史籍中记载了大量梦境。最典型的就是古代帝王将相的出生,每个帝王的出生,往往都伴随着一个戏剧化的梦境。

比如,关于汉高祖刘邦的身世,《史记》这样记载:“高祖,沛丰邑中阳里人,姓刘氏,字季。父曰太公,母曰刘媪。其先刘媪尝息大泽之陂,梦与神遇。是时雷电晦冥,太公往视,则见蛟龙于其上。已而有身,遂产高祖。”

按照《史记》的说法,刘邦的出生,与其母梦中遇神有关。

明代开国皇帝朱元璋的出生,《明史》同样记述了其母梦神授药丸的故事。

令人好奇的是,这种私密、个人化的梦是如何进入公众视野的呢?

是刻意而为,还是不经意间的潜意识流露?这种梦的故事在当时的历史进程中到底扮演着什么样的角色?

就刘永福事迹中的梦境故事而言,其产生的源头显然是刘氏本人,故事一定程度上赋予刘永福某种神秘色彩，使其从事的军事活动无形中具有了某种合法性。

在神灵崇拜风气十分浓厚的 19 世纪后半期，“黑虎出山”故事的传播，无疑会强化人们对刘永福及其队伍的敬畏之心，这不仅在刘永福个人的成功史上，而且在黑旗军的发展史上都具有重要意义。

小贴士

北极玄天大帝：我国民间信仰的神仙之一，奉祀北极玄天大帝起源于对北极星的崇拜心理，实际上是人们把二十八宿星的北方玄武，即斗、牛、女、虚、危、室、壁七宿合并起来的神格化。由于玄武脚踏龟蛇，所以人们在神像下面置以龟蛇，或以卷曲的蛇形龟为玄天上帝的象征。由于宋真宗之祖名曰赵玄朗，在北宋真宗年代，为避讳“玄”字，于是改玄武为真武。清代又封玄天上帝为北极佑圣真君，台湾则称之为上帝爷、上帝公等。

由于梦境来源的唯一性和不可验证性，现在我们已无法得知“黑虎出山”的梦境是刘永福为发展队伍刻意炮制，还是其当时苦闷心情的真实反映。但无论如何，从其回忆录中对这件事的着重提及来看，“黑虎出山”的故事在黑旗军发展过程中具有重要的作用。某种程度上，应是早期维系黑旗军的精神力量。

黑旗军创建中流传的“黑虎出山”的梦境，已无法验证，不过与此有关的七星黑旗，却有其原型。这里需要介绍一下刘永福黑旗军的发源地——安德镇北帝庙。该庙建于乾隆四十八年(1783)，庙中供奉有三个神像，正中供奉的是北极玄天大帝，右侧是花婆神，左侧是周公。三神之中，周公手执黑旗，该旗为黑布三角形，边缘镶狗牙状白布，旗面绣有北斗七星。传说安德庙的黑旗很灵验，每当闹虫灾，只要用黑旗插入田地，虫子立即消失。刘永福等人十分相信黑旗的灵验，1866 年创建黑旗军时便仿效周公手中的七星黑旗制作了军旗。

小贴士

花神婆：我国壮族、瑶族民众信仰的生育之神。他们认为每家所降生的小孩都是“花神婆”送来的，并设有专门节日“花朝节”祭祀花神婆，祈求她馈赠孩子并保佑其健康成长。

小贴士

周公：姓姬名旦，周文王姬昌第四子，周武王姬发之弟，曾两次辅佐周武王东伐纣王，并制作礼乐。因其采邑在周，爵为上公，故称周公。周公是西周初期杰出的政治家、军事家、思想家、教育家，被尊为“元圣”，以及儒学先驱、奠基人。

黑旗军是一支民间自发的武装力量，那么，其组织形式如何呢？据黄权先生研究，刘永福的黑旗军有一个从旗头制向营制转变的过程。

所谓旗头，是对19世纪中后期反清武装力量首领的一种称呼，旗头制是指以旗头为首领组建的一种军事制度。刘永福之所以采取旗头制，和其早期参加农民武装斗争的经历有关。

1857年，刘永福在以稀粥充饥尚难以为继的情况下，与乡人邓阿富、曾阿己、凌阿文、哥利及李保哥六人相约前往迁隆州投奔反清武装。最初投靠的郑三即是旗头，当时郑三手下有百余人，作为先锋者五人，分别是郑四、郑五、郑晚、刘永福、李保哥。其中，郑四、郑五、郑晚为郑家同胞三兄弟。后来刘永福投奔的黄义章，也是旗头。刘永福组建黑旗军时自称大旗头，即与这段经历有关。

今天广东省佛山市三水区乐平镇，有个郑姓集中居住的地方，号称“岭南第一村”。其村名除习称的“郑村”外，正式称谓叫“大旗头村”。该村系清代广东水师提督郑绍忠的故乡，入选首批中国历史文化名村，曾被广东省文化厅评为“广东第一村”。大旗头村的村史资料未说明村庄得名原因，揆诸史实，应当与郑绍忠早年参加反清武

黑旗军创建地广西靖西县安德镇北帝庙

纪念刘永福黑旗军的安德镇凯旋塔

装组织时所任职务有关。

郑绍忠，广东三水人，曾任广东潮州镇总兵，先后任湖南、广东提督。郑原为太平天国兴王陈金缸部将，原名郑金，同治年间，郑绍忠杀陈金缸降清。资料显示，郑绍忠在跟随陈金缸时，曾任过大旗头一职。这是旗头制在地名上的映射。

所谓营制，应当是指绿营兵制，是黑旗军以营为基本单位组建部队的制度。

小贴士

郑绍忠(1834—1896):幼名金声,原名金,别字参泉,因口大能容拳,别号“大口金”,三水乐平镇大旗头村人。1854 年,陈金缸在三水范湖领导反清起义。郑因个性机敏、作战勇敢,屡助陈金缸成就事业,深为陈所倚重,先后被封为义军大洪国的运粮官、先锋、元帅、副首领。1863 年杀陈金缸,投降清廷,改名绍忠。此后多次率部攻剿义军,围剿太平军,历任副将、总兵、提督等职。1894 年,慈禧六十大寿时,赐兵部尚书衔,正一品。广东大旗头村即为其晚年回乡后所建。

绿营是清朝统一过程中创建的兵制,当时为收降明军和其他汉人武装,参照明代军事制度,以营为单位对部队进行编制,由于以绿色旗帜为标识,故又称绿旗。绿旗营制系统分标、协、营、汛四种,总督、巡抚、提督、总兵系统称标,副将系统称协,参将、游击、都司、守备系统称营,千总、把总、外委所属称汛,每营人数二三百人到六七百人不等。

在黑旗军中实行营制,应当是刘永福接受清朝领导后的事情。

冯子材攻打河阳时，刘永福驻守保胜，当时冯派杨瑞山、冯月亮到保胜见刘永福，并送去五品蓝翎功牌，请刘永福助战。因为此前与黄崇英的矛盾，刘永福很快答应出兵。尽管此次刘永福出兵助冯仅为发泄与黄崇英之私愤，但当时的舆论普遍认为此系刘永福归顺清军之举。此次出兵对黑旗军的重要性在于部队编制开始受到清军影响。正是这次出兵，刘永福的人马编为福字前、后两营。此为黑旗军营制之始。

冯子材

小贴士

冯子材（1818—1903）：字南干，号萃亭，广东钦州（今广西钦州）沙尾村人，晚清抗法名将，历任广西、云南、贵州提督，曾在中法战争中大败法军于镇南关。1903年钦廉一带会党群起，86岁的冯子材奉命会办广西军务，不幸中暑，于9月18日在南宁逝世。

小贴士

黄崇英（？—1875）：外号“盘轮四”。黄崇英原为广西农民起义军吴亚忠部下，其所统领的队伍称黄旗军。1867年入越后，势力发展很快，以河阳为基地，控制了越南北部一带。黄崇英的黄旗军军纪废弛，经常骚扰商旅和老百姓，并与法国人勾结对抗黑旗军。1875年黄旗军被中越联军击败，黄崇英被俘后遭处决。

此后，后营分为左、右两营。各营长官叫管带，分别是前营管带黄守忠、左营管带吴凤典、右营管带杨著恩。

中法山西之战后，刘永福在嘉榆关与云贵总督岑毓英相会，刘永福黑旗军即被编为十二营。

黑旗军归国后，人数虽逐年递减，但始终维持左、右、中、前、后五营之名。

1894年，刘永福奉命驰援台湾，刘永福借机整合黑旗力量，去老弱，补缺额，又新募两营，共四营。后其子刘成良再新募两营，黑旗军达六营规模。到台湾后，为壮大抗日力量，刘永福又在台湾招募散兵游勇，扩充黑旗军，营数继续增加。

黑旗军福军后营军旗

刘永福“两广督标管带福军后营刘”军旗，藏于广西壮族自治区博物馆。该旗以藏青土布制作，现已褪色，纵297厘米，横302厘米，周边镶35厘米宽的白布系后来缝制。旗上用白布缝制“两广督标管带福军后营”十个字，中间为180厘米×140厘米的繁体“刘”字。

在黑旗军的发展过程中，除刘永福这个灵魂人物外，还产生了一批骨干，代表人物有农秀业、吴凤典、杨著恩、刘成良等。

农秀业与刘永福结识较早，在刘永福以寻找粮草为由离开吴亚忠队伍时，农秀业即前往越南，后为迎接刘永福入越，农秀业曾拟谋杀本地武装头目郑志雄，后被刘永福制止。农秀业是刘永福入越之初的得力干将，在与黄崇英黄旗军的角逐中，农秀业立下了汗马功劳，1873年前后因病逝世。

农秀业死后，黑旗将领形成三足鼎立之势，各自独当一面的三员大将分别是黄守忠、吴凤典和杨著恩。

黄守忠，又名亚糍，号荩臣，生于1839年，广西宁明人，早年参加吴亚忠武装，是与农秀业一同前往越南的少数几人之一，为刘永福得力干将，战功卓著。1885年，因与刘永福产生矛盾，投奔唐景崧，自此脱离黑旗军。

吴凤典，壮族，号雅楼，生于1840年，广西上思人。吴凤典也是刘永福在吴亚忠队伍中的旧相识。1871年，吴凤典投奔刘永福，任黑旗军左营管带，在刘永福指挥的两次纸桥大战中立下赫赫战功。黑旗军归国之后，吴凤典授职为守备，后升任雷州参将，卒于1906年，时年66岁。

杨著恩，又名杨智仁，号吨卿，钦州人。杨著恩原为地方武装首领，1874年吴凤典回广西募兵，杨氏率百余部众投奔刘永福，被任命为右营管带。杨著恩不幸于1883年纸桥大战中阵亡。

小贴士

唐景崧(1841—1903):字维卿,广西灌阳人。同治四年(1865)进士,任吏部主事。光绪八年(1882),越法战争兴起,唐自请出关赴越南招抚刘永福。次年,抵达越南保胜,劝刘永福内附抗法,为刘永福出谋划策。1884 年中法战争爆发,唐受两广总督张之洞派遣,请老将冯子材出山领兵,亲自招募乡勇,编立四营,号景字军,入越参加抗法战争。中法战争结束后,任福建台湾道,光绪十七年(1891)迁布政使,光绪二十年(1894)署理台湾巡抚。1879年支持康有为在桂林开展维新运动。1898 年受广西巡抚黄槐森之聘,担任广西体用学堂堂务兼中文总校习。1903年,病逝于桂林。

除上述三员干将外,刘永福最信赖的亲信还有刘成良。刘成良,原名邓五,广西靖西人,父亲为铁匠。邓五兄弟姐妹众多,因在家庭中排行老五,故名。1866 年,8 岁的邓五成为刘永福义子,并改名换姓,一路追随刘永福。在刘永福精心栽培下,刘成良 18 岁时已经可以独当一面，成为黑旗军亲军营管带。刘永福从越南返回广州前夕，建议张之洞让刘成良继续留守越南。建议虽未被张之洞采纳，却足见刘永福对刘成良的信赖。1895 年，刘成良随义父入台，刘永福防守台南，刘成良驻扎高雄，至今高雄港对面的旗后山炮台遗址还有刘成良的事迹介绍。自台返回后，刘成良落籍云南，先后任云南省广南府宝宁县知县、云南府安宁州知州。

第三章　率部入越

1865年，同治皇帝即位的第四个年头，太平天国运动已经失败，清廷头号对手洪秀全也已死去一年。一天夜晚，中国通往越南的要道上，一个叫大岭的地方，人声鼎沸，显得异常热闹。尽管平日岭上也有几百人把守，但此时不同的是，刘永福一干人等已经做好了前往越南的打算。大岭把守头目系刘永福钦州老乡许元彬，正是冲着这层关系，刘永福在考虑行军路线时，才决定由大岭进入越南。

刘永福与许元彬相见，一番寒暄，直奔主题。刘永福首先诉说前往越南的苦衷。许元彬道："义哥雄才大略，高义薄天！广西地方，虽然辽阔，不能展布。今入越一策，诚为上计，时不可失，此去当必大有作为，仍望提携弟辈耳！"又说，"弟在岭上，无甚作用，后亦将入越。"

当日，许元彬的一番褒扬和说辞，或许出于恭维和客套。不料此后形势果然照此发展，刘永福入越后大有作为不说，许元彬也在不久后进入越南，与刘永福并肩作战，成为黑旗军的重要将领。

话说刘永福此前为吴亚忠部下，何以突然产生前往越南的想法？

此事要从头说起。天京（今江苏南京）城陷后，太平军大挫，清军很快进入收拾残局阶段，压力大减后，得以腾出更多精力对付各地起事队伍。当时，与吴亚忠对垒的清军已达数万之众。如此境况下，吴军到了即将崩溃的边缘。此时粮草缺乏，军心涣散。从小到大，一路受尽饥饿之苦的刘永福自然不甘坐以待毙，主动提出去一个叫波斗的地方筹集粮草，吴亚忠虽千般不乐意，但经不住刘永福万般请求，最终同意他带着旗下队伍离开了大部队，这时吴亚忠的大队人马驻扎在归顺。刘永福与吴亚忠约定一个月返回，眼看归期将近，刘永福却犹豫起来，一则自己筹粮不顺，再则饿怕了的刘永福担心回去又要挨饿受苦，于是派部下刘凤岗、陆金等人回去打探情况。吴亚忠之前迟迟不答应刘永福率部出来，也是担心他一去不返。

归期在即，还不见刘永福的踪影，吴亚忠难免不满，加之刘凤岗等人对吴亚忠说："义哥说及，有米食则回，无米食则不回。"此番言语，无疑火上浇油，气坏了吴亚忠。

愤恨之余，吴亦怒不择言道：“我待刘某恩情不薄，且许妹妹匹配与他，无非欲与他二人同心协力，以图大事！今竟说此话，是真初终易节，不是首尾相顾之人，岂堪与共患难者乎！”吴亚忠言论很快传到刘永福耳中。刘永福思量，经此一番，吴亚忠难免心生怨恨，伺机谋害自己，再者，如吴逼自己与其妹成婚，亦恐日后受到牵连。此番利害比较后，遂暗下决心脱离吴亚忠。虽主意拿定，刘永福表面上却不动声色，任由部下对吴亚忠负面情绪滋长。刘凤岗等人把吴亚忠如何藐视之意说给众人，如此一番渲染，一同出来的部下已经不愿再回吴亚忠队伍了，纷纷劝刘永福自立门户。刘永福虽已有主张，却并不急于表态，他深知自立后可能遇到的艰险与困境，于是向众人说明，粮食将尽，若自树旗帜，将来挨饿大家不能责怪自己。同时，刘永福通过结盟形式，与部下共立誓言，约定不管遇到何种困难，都不得反悔。通过以上举措，刘永福迅速稳定队伍，统一认识，于是有了大岭之行。

当夜，许元彬招待刘永福一行不遗余力，刘永福与许元彬你言我语，尽欢而散。

对于前往越南之事，刘永福在回忆录中有所表露，当时他认为留在广西无甚用处，且为父母之邦，不可骚扰，本地的安全也不需要自己保护。而越南被苗、瑶等占据，百姓呼号无门，越王发兵屡屡失败，或可先到越南，随机应变。刘永福进入越南，除上述说辞外，更是一种求生策略，彼时刚脱离吴亚忠，力量还很弱小，不愿意与吴公开决裂。故刘永福与吴关系的处理，态度很模糊，进入越南，不仅可以避开清军压力，寻求新的发展空间，也避免了与吴亚忠发生正面冲突。

广西与越南交界，广西人前往越南谋生，早在雍正年间已经存在，这时已很常见了。雍正帝在一道谕旨里说："广西道通交趾，闻该地方有无知愚民，抛弃家业，潜往交趾地方开矿，更有奸匪之徒，潜逃异域，以致追缉无踪者。"交趾即越南之古称。刘永福的自述中提到的苗、瑶等少数民族，有大批进入越南。此前，刘永福的部下农秀业、黄守忠等也脱离队伍入越。后来吴亚忠得知刘永福到了越南，也与部下言明久有前往越南之志，特意派数十人追赶刘永福，并提供军械物资，其目的就是为日后到越南发展作铺垫。可以说，刘永福入越并非偶然，与广西和越南的地缘关系及当地的社会习惯密切相关。

对于广西民众跨境入越一事，雍正帝发现后试图阻止，命令广西巡抚等人："悉心商酌，于往来隘口及山僻可通之处，拨兵添汛，饬令该管官弁加紧巡查，倘有私行出口之人，务押解原籍，照例治罪。"但制度归制度，实际执行却是另一回事。而到晚清，管制已十分松驰，刘永福借助同乡关系，顺利通过了入越的必经之地——大岭。

刘永福离开大岭时，200 人的队伍，仅有 4000 文而已，可以说这个入越行动，是一次冒险之旅。那么，当时的越南，又是怎样一个情形呢？

越南，此时名义上还是中国的藩属，照例定期朝贡，但法国人早已把它闹得鸡犬不宁。

早在清乾隆年间，法国就有传教士渗入越南，接触既多，难免产生摩擦、冲突。1848 年，阮福时（即嗣德帝）即位，时年 19 岁。这个年轻的、仇视法国的越南国王，对法采取了强硬的态度，比如在国内重金悬赏，购买传教士的首级，导致越、法矛盾日趋剧烈。可是这恰恰给法国侵略越南提供了借口，法国一方面派遣使节与越方交涉，另一方面准备动武。1857 年越南发生了杀害传教士事件。次年法国即以此为借口出兵越南，海军中将哲奴一里率领两艘军舰远涉重洋，联合西班牙进攻越南。1859 攻占西贡（今胡志明市），1862 年占领边和、嘉定、定祥、永祥州及康道尔群岛。当时越南东北正在发生黎兴之乱，面对装备精良的法西联军，内外交困的越南政府不得不屈辱求和，于 1862 年 5 月与法国签订了《西贡条约》，内容有割地、赔款、通商、传教诸项。边和、嘉定、定祥三州及康道尔群岛被割让给法国，法西两国共获得 2000 万法郎的赔款，法国获得在越南自由通商、传教的权利。条约签订后，法国复又攻陷永隆、安江等地。最初，法国商船得到在湄公河自由航行的权利，后来法国为进一步获得红河自由航行权和控制越南北部，安邺率领法军向河内进发。入侵越南北部，其意图不仅仅在于越南，更是觊觎中国西南边疆区域。当时人们对这点非常清楚。

刘永福离开广西进入越南，恰在清政府对华南逐渐恢复统治力之时，而这时却是越南当局逐渐失去统治力之时。这种离开与进入的契机，虽然不是宏观上把握的结果，但即使现在来看，无疑也是恰到好处。一方面，刘永福避开了清军强大的压力，在吴亚忠被清军剿灭时自己却渐渐发展壮大；另一方面，这时越南当局已是自顾不暇，对外来势力疲于应付，自然腾不出精力来对付由广西进入越南北部的刘永福。同时，越方的危机，也为刘永福的助越抗法并发展壮大提供了机会。而助越抗法的战功，是我们今天还能记住刘永福的关键之一。

实际上，刘永福虽有日后的辉煌，但家国大事只是我们了解他当时处境的背景而已，最初他来到人生地不熟的异域他国，碰到的最大问题就是如何生存下去。在越南这样一个完全陌生的地方，刘永福凭借何种力量立足呢？有材料表明，这得益其丰富的人生经验和恰当的处事方式。一件事颇能说明问题：到越南苏街后，先刘一步到越南的农秀业、黄守忠，立即与之会合。相见后，农、黄告知刘永福，他们正在密谋杀害当地武装首领郑志雄，打算事成后迎接刘永福。刘永福闻言大惊，连忙制止，说："我等初出干事，未知南北东西谁是定局，专讲义气，方可信用，希望发达。若如此行为是恩将仇报，下次欲投别处，风气所播，谁敢相容？吾恐栖身无所，天地虽宽，何处为立足处耶！好得尔尚未动手，不干出此事，若干了此事，虽去接我，如我知情节，亦必不来矣。尔切切勿可轻举妄动，为上策也。"

刘永福可谓明智！当时他们初到越南，羽翼未丰，形势不明，轻易树敌，是为大忌。而且，郑志雄与另一武装首领梁俊秀关系密切，两人手下共有百余人，另可调集四乡土兵。且不说刘永福所带 200 来人是否能抵挡得住，即使能够战胜郑志雄等人，若每到一处即杀害当地头目而代之，恐刘永福所至之处，皆会被视为仇敌，日久当无立足之地。后来形势的发展验证了刘永福决策的正确性。刘永福与郑志雄及其手下骨干黄二、陈三、陈四、许晚、何亚等人相处融洽，刘永福尤得郑志雄信任，被视为心腹，并与郑志雄、梁俊秀结为异姓兄弟。刘永福正是在郑、梁二人的力挺下，才得以在当地站住脚，并慢慢发展壮大起来。

刘永福能在越南站稳脚跟，还得益于他拥有一支骁勇善战的武装。脱离吴亚忠时，与刘永福关系最亲近者有潘哥招等 20 余人，进入越南时发展到 200 余人。不久，大岭守军许元彬带来数十人，此后又陆续有杨智仁、邓士昌、黄亚保、张大山、陆亚蒙等人率部来投。应该说，刘永福的人马并不算多，但因作战经验丰富，且刘永福的领导能力远超一般地方武装，故能在反复拼杀中生存下来。

尽管刘永福后来与越南官方关系亲密，在越方剿灭地方反对势力时多有协助，但多是小打小闹，以至于越南统兵大臣黄佐炎奏请越王擢拔刘永福为防御使时，嗣德帝的托词是："拔用永福，资其死力以绝英，情势亦合；但未有大功，遽许官职，不几于滥赏乎?"最后只是赏给了三四百两银子打发，这发生在纸桥大战前夕。

然而，纸桥大战后，情况就完全不同了。1874 年，刘永福因纸桥战功被授予副领兵官，其部下自管带以下皆赏升三轶，并遍赏兵勇。前后数月，差异如此悬殊，皆在纸桥之战。

第四章　两战纸桥

纸桥是越南河内西郊慈廉县安和乡苏沥河上的一座小桥，得名于安和乡的手工造纸业，离河内两里左右。

纸桥之战，发生过两次，皆与刘永福有关。这两次战斗，造成法军两名将军阵亡，一人名叫安邺，另一人名叫李维业。

先从第一次纸桥之战阵亡的安邺说起。安邺全名马利·约瑟夫·佛朗西斯·安邺，生于1835年7月15日，是法国海军军官和著名探险家。21岁时，安邺进入布雷斯特海军士官学校学习，25岁时参加法国对越南的军事行动，由于勇敢善战、头脑灵活，28岁时已经在越南殖民政府中就任堤岸市市长。

1866年，安邺作为探险队副队长，与队长特拉格莱一起，率领探险队从西贡出发，沿湄公河北上。特拉格莱死后，安邺继任队长并率队深入我国云南、四川等地，又沿长江经汉口到达上海。

安邺探险队的目的，是为了弄清湄公河的通航能力。经过两年调查，他们得出了湄公河不宜通航和滇越贸易通道在红河的结论。安邺的探险活动，不仅获得了英国皇家地理学会授予的金质奖章，也使法国殖民政府的注意力转移到越南北部。

1873年9月，法军向越南北部进军，企图强行获得红河通航权。被越南政府拒绝后，安邺受命打通红河到云南的水上通道。河内就是在这个背景下被法军占领的。情势危急之中，刘永福应邀助越抗法。

在攻占河内之战中，越南钦差潘廷评、布政使武堂、提督邓超、领兵阮登俨被安邺俘虏。越南驸马、钦差大臣阮知方之子阮林被杀。

于是，安邺甚为得意，变得不可一世。原本拒绝法方通商要求的越南政府，态度开始松动，委派新宁总督陈廷肃与巡抚阮仲合前往河内，准备与安邺秘密谈判。

这时，刘永福带领千余人的先头部队在河内西城门外十里扎下营帐，越南统兵大臣黄佐炎及提督阮文雄等率领万余人紧跟其后，两军相距不过两三里。

为激励将士杀敌，黄佐炎下令：凡斩法军首级一颗，赏银50两。那时中越军队并不了解法军军衔制度，也看不懂法军肩章表示的意思，只是略知其画数越多，军衔越高。故特别规定:一画加 10 两,二画加 20 两,再多照加。

军事上的胜利和谈判的开启,使安邺放松了警惕。

面对黑旗军城下挑战,安邺毫不犹豫地出城迎击,法军刚到桥上,刘永福即率队过桥,双方交战,互有伤亡,刘永福喝令黑旗军全力出击。不多时,法军大败,纷纷后撤,安邺等将官殿后,黑旗军乘胜追击。筋疲力尽的法军被黑旗军打得落花流水,安邺在乱中被黑旗军将领吴凤典斩杀。

此即第一次纸桥之战。是役,黑旗军共击毙法军 500 余人。此番战后,黑旗军声名大振,势头渐起。

第二次纸桥之战发生在 1883 年。为转嫁在越南的庞大开支和谋求更多利益,这年,法国开始寻求在越南建立保护国制度。

所谓保护国制度,是非正常国家关系中的一种,即一国保护另一国免受第三国的威胁和攻击,受保护国以一部分主权让渡给保护自己的国家。

1874 年第二次《西贡条约》签订后的九年间,法国在东京(指越南北部大部分地区,越南人称为“北圻”)的开支高达 800 万法郎,加上军舰等开支,总数达到 1200 万至 1500 万法郎。对法国而言,这是一笔沉重的负担。而且,沉重的负担还将继续背负下去,无休无止。

更加糟糕的是，法国在越南的行动受到了诸多限制，处境不容乐观。

1874年3月15日签订的第二次《西贡条约》，是越南与法国签订的不平等条约。尽管法国通过条约巧妙地把越南从与中国的宗藩体制中剥离出来，获得了越南的外交控制权，并得到了经红河向中国通商的通道，但在实际执行中，效果并不理想。

第二次《西贡条约》第12条规定："法国人和外国人可以通过红河，在大海和云南省之间进行贸易，但不得在大海与河内，河内与中国边界之间的河岸上做买卖。"实际情况是，越南国王只是允许法国在河内城经商。条约虽不反对法商进入中国云南省进行贸易，但由于中国不允许法国人进入云南省，条约中"进入云南进行贸易"就是一句空话。再如15条规定："法国外交人员只有经安南同意，才可以发放护照给法国公民去内地旅游。而实际上护照很不容易获得，也决不允许他们进行贸易，否则就会没收货物。"

显然，这并不是法国能心甘情愿接受的。

法国企图在越南建立保护国制度，不能说对中国毫无忌惮，不过，有件事让法国很快打消了顾虑，这就是日本对琉球(今日本冲绳)的吞并。

琉球地处中国福建泉州东南海中，与越南一样，也是中国的藩属。早在明代洪武、永乐、宣德、成化年间，琉球就有派遣学生入明国子监读书的情况。明末琉球国王尚贤派遣使臣金应元请封，因道路阻塞，一直到顺治三年(1646)才经江宁到达北京，因为那时琉球国尚持有明朝敕印，清廷并未同意琉球的请封。顺治十一年(1654)，琉球国上缴明朝敕印，此时国王尚贤已经去世，其弟尚质自称世子，清廷封尚质为琉球国中山王，许其两年一贡，进贡人数不得超过150人。由于当时清朝尚处于与南明的战争中，此次册封，使臣滞留福建多年，直到康熙元年(1662)才完成。康熙七年(1668)，清政府在福建建柔远馆驿，专门用来接待琉球使臣，对琉球及其国民优礼有加。康熙二十五年(1686)，清廷特意把入贡人数提升至200人。而且谕令沿海督抚，凡遭海难漂至沿海各地之船只，予以接济照料。

琉球方面也受中国文化影响颇深，迅速向中国靠拢，康熙十二年(1673)创立文庙。到了康熙五十八年(1719)，又修建了府学，选派翻译官讲解圣谕衍义，定期派遣官员到讲堂考查学生，考查的主要内容就是琉球与中国往来的贡典。

时至近代，随着列强入侵，清帝国天朝上国的迷梦被戳破，而此时的日本，则通过一系列有效举措，渐渐强大，也愈发肆无忌惮起来。

1872年，日本小田县难民4人被台湾土著劫杀，日本国内大哗。借此次事件，连同1871年琉球难民在台湾被杀事件，日本大做文章，与中国订约，要求严惩杀人者。此事后来持续发酵，日本国内对琉球的主权开始有了不同声音，声称琉球归属日本版图。

1879年，日本出兵琉球，抓捕琉球国王及世子，并改琉球为冲绳县。面对藩属被灭国，清廷授意总理各国事务衙门与日本交涉，但遭日方拒绝。从事件发生起一直僵持到1880年，清廷特命李鸿章处理此事。最终，在美国总统格兰特的斡旋下，中日双方达成妥协，拟对琉球割岛分治，北岛、中岛归属日本，南岛归属中国。后李鸿章综合权衡后，以其中关系错综复杂为由，向清廷做出缓议琉球问题的建议。至此，琉球在事实上为日本所控制。

正是基于清廷在琉球问题上的表现，三年后，法国准备向中国的另一个藩属越南下手时，经过一番深入分析和研究，认为清廷不会干涉法方在越南的侵略活动，也就愈发大胆了。

1881年，在法国新任总统茹费尔主导下，法国议会拨款240万法郎，作为入侵越南的军费。一时之间，武力征服越南，成为法国社会的主流思维。

小贴士

总理各国事务衙门：由1860年设立的临时机构抚局演变而来。总理各国事务衙门正式设立于1861年，简称总理衙门，又称总署、译署。该机构主要办理涉外事务，职权极重，除了外交和通商，职能还涉及军事、开矿、修筑铁路、电业、运输、教育等诸多方面，是清政府中枢机构之一。1901年，总理各国事务衙门改为外务部。

1882年初，1000多法军在司令官李维业率领下，乘铁甲舰、运输舰沿红河北上。当年4月25日，法军攻陷河内。此时，刘永福正在钦州老家修墓，黑旗军退守保胜一带。随后，法军再占南定，越南北部岌岌可危。

在此期间，面对法军威胁，越南政府也通过各种途径向清廷求援。1882年2月，越南通过招商局工作人员唐廷庚请求清政府援助。5月，再次通过唐廷庚求援，并告知河内海防已为法军攻陷，税饷之利被法国人攫取。

随即，黑旗军在刘永福率领下，迅速到达河内，并在离纸桥三里处安营扎寨。

小贴士

唐廷庚(1835—1896):字建廉,号应星,广东省香山县人。曾任招商局分局总办。1881年唐廷庚受命出使越南。由于他的动员,越南正式向中国发出求援:“自度以力拒法,总难深恃。惟欲仰求天朝,明认下国为藩属,代向法人理论。”唐廷庚还协助兄长唐廷枢编写了中国第一部英文词典《英语集全》。

此次再至纸桥,黑旗军将士重返旧地,遥想当年阵斩安邺之战绩,个个摩拳擦掌,欲与法军一决雌雄。

四月初九晚,黑旗军大将黄守忠袭击河内郊外教堂,小有斩获,唯法军坚守阵地,难以靠近,未予重创。右营管带杨著恩更是急不可耐,主动请缨,声称:“见洋人而能忍者,非人也。虽死,愿任先锋!”

面对部下高涨的战斗热情,身经百战的刘永福头脑异常清醒,缓缓地说:“战洋人不可急,急则损。”

刘永福并非不想与法军决一死战,可作为统帅,他深知轻敌的严重性,所以一再克制,暗寻战机。十二日夜,天近五鼓，黄佐炎接河内越方情报，说法军将于十三日天亮倾巢而出，杨著恩闻报，不待刘永福发号，径自率领全营人马前往迎战。此种情形下，刘永福只得因势而变，命令大队人马赶往纸桥。

此时，纸桥一如当年那般小巧，只是河水愈发少了，近乎干涸。桥西三里处为黑旗军大本营，桥东二里则是法军盘踞的河内城。中间一条大道，左右皆为田舍。话说杨著恩听闻法军将至，未等得到命令，已开赴前线。队伍到达纸桥时，杨著恩下令兵分三队，头队占据桥旁关帝庙，二队列队庙旁，自己亲带三队在大道右。黑旗军刚布置停当，法军已至桥东。两军相遇，一时枪炮齐发，子弹乱飞。法军训练有素，十人一队，连环射击，很快越过纸桥。黑旗军右营头队旋即溃败，二队接战，复又败下。法军兵分两路，一路包抄庙后，一路从大路进攻。战斗中，杨著恩双股中弹，右营众多兵丁陈尸纸桥。手下欲搀扶杨著恩后退，可杨著恩坚持不肯，仍勉力射击，直至中弹身亡，右营全军溃败。法军乘胜顺大道长驱直入，直奔黑旗军大本营而来。黄守忠头队在前接战，力不能敌，二队眼见又不敌，此时埋伏在道路左侧的吴凤典杀将出来，横冲直撞，于是黑旗军与法军搅成一团，双方队伍大乱。黑旗军将士手持短刀，便于近战，法军枪不及发。混战中，法军将领李维业中枪倒地，被黑旗军士兵割去首级。法军失去指挥官，加之损失惨重，顿时战意全无，纷纷撤退。而黑旗军悍将杨著恩阵亡，吴凤典身受重伤，兵力损耗严重，眼见法军败退，亦不追击。

这就是第二次纸桥之战。两次纸桥之战，让黑旗军威名远扬。这是近代史上中国与外国交战少有的胜绩，对民族士气的维系和提升，起到了不可估量的作用，刘永福也因此成为中国近代史上的民族英雄。

第五章　中法开战

1883年5月26日，正当法国议会讨论越南殖民政策之时，李维业的死讯传来，一时之间，议员们群情激奋，主张武力征服越南的一方借机通过了向越南派遣远征军的决议。

表面上看，李维业的死，促使法国政府下定了增兵越南的决心，事实上，这只是一个借口而已。

如何在越南建立保护国制度的同时又不至于引起与中国的冲突，这是困扰法国外交政策的重大问题。1883年初，围绕这一问题，法国外交人员各尽所能，各陈己见。

法国驻华公使宝海在给外长法利埃的信件中说："我们唯一要担心和预防的麻烦，是我们会有与中国发生冲突的危险。"

法国前驻广州领事戴伯理在分析中国的军事力量后说："中国的政治家们知道这种局势，但他们很讲究实际，所以不会盲目地采取冒险行动，这种冒险行动除了会给他们的国家造成巨大的灾难外，也会让自己垮台，还可能引起清朝的覆亡。”

宝海和戴伯理的态度截然不同，前者重视中国在处理越南问题上的影响和与法国可能产生的冲突，而后者根本不把中国放在眼里。

在戴伯理看来，清政府虽然购买了大量精良武器，却堆在军火库里任其损坏；虽然已经采取西法练兵，但不过几千人而已，而且散布全国，形如散沙。再加上将领多昏庸无能，故他敢于藐视中国，认为与中国交战不足惧。至于宝海主张避免与中国发生冲突，并非尊重和亲近中国，而是担心中国逐渐觉醒的民族情绪影响法国在越南的利益。

实际上，在把越南变为保护国的目标上，二人是一致的。宝海坦承：“人们似乎责备我在会谈中同意承认中国对安南的宗主权，其实正好相反，因为我甚至不愿意李鸿章总督跟我谈这个问题。”

二人的差别仅仅在于，一个激进，一个迂回。

对于越南危机，清政府并不是毫无察觉。通过地方督抚和外交人员，各种消息陆续传递到北京。

1881年9月，云贵总督刘长佑特意奏请朝廷，提醒清政府注意法国吞并越南之心，认为越南为滇越之唇齿，法国垂涎已久，志在必得，应有所警觉。

10 月，福建巡抚丁日昌上疏，提醒总理各国事务衙门注意越南问题。

1882 年，晚清重臣张树声禀告清廷，法军由西贡到达海阳，将进攻东京(指越南北部)。同年，另一重臣张之洞建议清廷派兵赴越，对法国展示战斗决心，并称唯有如此，方可进行有效调解。张之洞同时举荐唐炯、徐延旭、张曜等人参与对法作战。

针对法国在越南的行动，清政府也进行了准备，一是命令丁日昌与李鸿章商量对策；二是谕令沿海、沿江督抚及云贵总督秘密应对；三是任命具有丰富作战经验的曾国荃出任两广总督。

在具体部署方面，地方督抚也有所跟进。东京被法军攻破后，张树声令滇粤军队以剿匪为名，守于城外，并令广东派出军舰遥为声援。为取得与广西军队的联络，保护越南，刘长佑派道员沈寿榕带兵出境。

可以说，地方督抚和清政府对越南的局势了如指掌，也多有部署。

法国和中国，一个志在必得，蓄意侵占越南；一个与越南有着紧密的政治联系。冲突，自然不可避免。

破东京后，法军焚掠而去，乘兵舰东下海阳，驶向广南、西贡。

面对此种情况，刘长佑不无忧虑地上奏说："山西有失，则法人西入三江口，不独保胜无屏障，而滇省自河底江以下，皆须步步设防，非滇粤并立不足以救越国之残局，非水陆之并进不足以阻法人之贪谋。"

此"山西"非中国之山西，实属异地同名。受中国文化影响，周边国家如朝鲜、越南、韩国，在地名上与中国地名重名的现象并不少见。华林甫先生在《中国地名学史考论》中指出："越南历史上的政区如郡、县、道、路、镇、府、州、省等地名通名，莫不学自中国……越南历史上的府名如太平府、承天府、兴元府、重庆府、襄阳府、安庆府、建安府、建昌府、西宁府、广平府、临安府、临洮府、河中府、嘉兴府、嘉定府、中都府，其名称均在中国历史上存在过，并且中国名称均比越南要早。"

中国一向视越南为西南屏障，越南有失，中国西南边疆则屏障顿失，边疆危机也就在所难免。此种顾虑下，中国对法国侵占越南北部之重视，可想而知。

纸桥大战后，法国公使脱利古与李鸿章在上海会晤，脱利古询问法国在越南的行动是否会促使中方帮助越南，李鸿章闪烁其词，拖延边疆剿匪，并未与法国撕破脸面。

新任使臣巴诺德就任后，法军攻克顺化，逼迫越南议约。同时，法国代表与李鸿章会谈失败，扬言出兵广东，形势异常紧张。

两广总督在回复法方信件中毫不避讳地说：“越南久列藩封，历经中国用兵剿匪，力为保护，今法人侵凌无已，岂能坐受此蔑视！倘竟侵我军驻地，唯有开仗，不能坐视。”

此时的越南，三易其主，人心涣散，君臣惶惶不可终日。

肉体之身，生生灭灭，本也正常。不过，作为一国之主的国王，生老病死，牵动的却是举国安危。传统东南亚政治格局中，王权更替，为国家大事。若在政权稳定时期，国王病逝，倒也罢了，偏偏在法国侵吞越南的紧要时期，越南国王阮福时离开了人间。

阮福时无子，去世后越南国王的权杖落到了他堂弟手上，这个可怜的家伙只坐了一个月王座，就被辅政大臣阮说联合启太妃废了，新立阮福昇为国王。

阮福时病逝后，法国趁越南国丧期间，攻陷顺化、海口，入据越南都城。至阮福昇即位时，越方已全无斗志，被迫与法国签订了屈辱的议和条约。

条约规定，中国不得干预越南事务，越南政权、事权均归法国。

至此，法国以条约的形式正式剥离了中国在越南的事权，否定了中越两国客观上存在的宗藩关系，基本实现了在越南建立保护国制度的预谋。中法两国矛盾开始激化。

当此局势危急之时，阮福昇突然毙命。阮福昇系宪祖绍治帝阮福暶之子，为越南阮氏王朝第六代国王，年号协和，故又称协和帝。他即位四个月后即死于任上，年仅37岁。

关于阮福昇的死，有人说是因畏惧法国人而自杀，又有人说是被毒杀，说法不一，但毒杀的可能似乎更大。阮福昇死后，其侄阮福昊被拥立为国王，局势稍稍稳定。

于清政府而言，对刘永福及其黑旗军可谓爱恨交加，既想利用，又处处设防。

清政府对待黑旗军态度的差异，主要取决于与法国关系的变化。在中法关系紧张时，黑旗军是清军可以依赖和驱使的力量，而一旦两国关系缓和，清廷则又开始顾虑刘永福是否会成为心腹大患。

由于清廷在战和之间举棋不定，对谈判尚抱有较多幻想，故并未全力备战。战争爆发初期，清军损失惨重，接连败退。不得已，清军重新启用刘铭传、鲍超等老将，情势渐有好转。

小贴士

刘铭传（1836—1895）：字省三，号大潜山人。安徽合肥人。淮军名将，所率部队号称“铭军”，官至直隶提督。1884年，中法战争爆发，刘铭传奉旨督办台湾军务，阻击法军进犯。1885年，清政府宣布台湾正式建省，刘铭传被任命为台湾省首任巡抚，在任六年间，行新政、办洋务，锐意改革，如创办军工企业、通商惠工、修筑铁路、大力发展近代教育等，在台湾的经济、文化建设方面做出了卓越贡献。1896年病逝于安徽六安，赠太子太保，谥壮肃。著有《刘壮肃公奏议》等。

战事主要在越南北部、中国东南沿海和台湾岛进行。刘永福黑旗军的主战场在越南北部。

这一时期，刘永福与法军先后在丹凤、临洮发生了激战。

先说丹凤之战。纸桥大战后，刘永福以功授三宣提督，加封一等义勇男爵，法军则改由陆军少将泼也指挥。刘永福在河内驻扎数月，适遇大洪水，法军挑开围堤，欲以水攻黑旗军。刘永福遂率部离开河内，前往七八十里外的丹凤县驻扎。法军结集四五千之众，水陆并进，直逼丹凤。两军对垒，一时锣鼓喧天，旌旗蔽日。

这一仗，黑旗军由邓士昌、黄守忠打先锋。

邓士昌以为法军不习水性，遂率众跳入水中，试图借机攻击法军，不料中弹身亡，黄守忠爱将何四也在战斗中阵亡，黑旗军死伤惨重。见此情形，刘永福大怒，黄守忠本欲暂退一步，亦被喝止，遂命令全力进攻。在黑旗军主力的强大攻势下，法军数百人毙命。见丹凤一时难以攻陷，法军被迫退兵，绕道安顺，进逼越南都城。无奈之下，越王与法国签订城下之盟。

法越议和后，越王即告谕刘永福："和议既成，从速退兵，免致法国再生枝节。"然而黑旗军并不理会，仍坚持抵抗。其时云南当局亦令刘永福退兵，加之越王再次催退，并责及刘永福的顶头上司黄佐炎。刘永福见无力挽回，只得退至山西。

丹凤战后，刘永福接连与法军交战，战战皆胜，黑旗军军心大振，士气颇盛。然法军侵占越都后，越王与法国谋和，强令刘永福撤军，此种情形颇令刘永福恼火。此时，清政府也有让黑旗军撤军之意，唐景崧奉命前来劝说。

刘永福见越人抗法意志薄弱，清廷又多敷衍，心灰意冷，颇感沮丧，叹曰："中国且撤兵，吾何为独守?"复生退回胜保十洲之意。中、越双方虽因议和而令刘永福撤军，但既不愿失去黑旗军这支抗法力量，也不希望黑旗军退回保胜。在唐景崧劝说和坚持下，加之黑旗军将士苦苦哀求，刘永福遂打消回保胜之念，退守山西。

此年 11 月，法军纠集十余国数万人马，进攻山西。

当时清军在山西驻有 2000 余人，黑旗军亦有 2000 余人。清军 2000 余人分为五营，分别是黄桂兰部下贾文贵、田福志率领的两个营和岑毓英部下莫东成率领的三个营。

法军进攻时，人山人海，声势浩大。第一次进攻中，刘永福率领黑旗军迎头截击，击杀数百人。法军迅即增加人马，进行第二次进攻，黑旗军亦猛烈还击。待到第三次进攻时，法军以人海战术，全体出动，如排山倒海般攻向城门。见法军如此阵势，管带贾文贵不由心生怯意，遂带队从西门逃走。贾既率先逃走，田福志、莫成东部下亦无斗志，纷纷尾随贾军，往兴化而去。黑旗军将士见清军退却，战意顿失，亦退往兴化。至 12 月，岑毓英部下陆续在兴化聚集,达十营之多。次年,岑毓英亲率数十营至兴化。

法军攻陷山西后,又兵指北宁,当时溃败的黄桂兰部在此驻扎。岑毓英考虑到防守力量不足,命刘永福前往协防。黑旗军至北宁后,见黄桂兰部扎营毫无章法,当即指出其隐患,但清军只是潦草应付,军官们日夜歌舞不息,喝得烂醉如泥。待法军攻来时,清军分数路迎敌,因制高点工事修筑潦草,很快被攻破。一时失利之下,清军方寸大乱,又弃城而逃,直奔谅山而去。

山西、北宁一再失利,朝臣纷纷指责将领无能,清廷震怒,追究失责人员。黄桂兰自尽以谢罪,旗下中级军官军前正法,下级军官也分别充军革职,部队士气稍振。

北宁失守后,岑毓英命令黑旗军防守临洮。临洮距离兴化30余里,中有大河相隔。此前岑毓英已率部至嘉榆关,令其弟岑毓宝防守兴化。嗣后,岑部大队人马,日夜不息,向嘉榆关而去。刘永福所在临洮,地处嘉榆关要道处,见此情形,甚是不解,遂至兴化询问岑毓宝:"贵军不分昼夜前上嘉榆关,究竟若何宗旨?请道其详。"

岑毓宝回道:"此等所往之兵乃无用之士卒,枉食粮草,留在此用不着他,故遣他回上,仅挑数千人打得的,在此便可耳。"

再说法军攻占北宁后，得知清军驻扎在兴化城，于是用远程大炮轰击兴化城，目标直指文武庙。原来，法军事前得知岑毓宝在文武庙居住，故以此为目标进行炮击，企图一炮致命，给清军造成群龙无首之混乱。

所幸岑毓宝已于前一日搬出文武庙，因此躲过一劫，但岑毓宝目睹法军大炮威力，不免后怕。惊魂未定之际，遂率领全部人马，撤出兴化城，直奔嘉榆关而去。仓促之下，甚至没有通知咫尺之遥的黑旗军。

法国画册中马尾海战画图

刘永福得知岑毓宝撤退，心知兴化必失，黑旗军若固守临洮，必四面受敌，亦率部前往嘉榆关。此后，两支部队进驻头关。

因为清政府并未打算与法国拼死一战，故边打边谈，黑旗军与云南清军一路后撤，清廷也并不催促进军。转眼到了1884年，风云突变，法军突袭马尾，并照会开战，清廷躲无可躲，避无可避，只得勉强迎战。当年7月，清廷通过岑毓英转告刘永福："进兵攻击法人，务要赶他出境方止。"并擢拔刘永福为记名提督，赏戴花翎，希望以此激励刘永福统率黑旗军，出奇制胜，将法军赶出越南。

10月下旬，岑毓英令黑旗军进驻三圻左旭，清军大队人马亦在不远处安营扎寨，逼近三圻城。左旭靠近三圻河，交通便利，通过小火轮可以方便地运输人员和物资，是围攻三圻的战略要地。为配合清军围城，黑旗军在三圻河河道两侧扎卡，搭浮桥横河扼守，以截断法军运粮小轮船。粮草将绝，与外界又音信不通，眼看将要坐以待毙，三圻城中的法军异常焦虑，想方设法向外界传递信息。

忽一日，黑旗军将士发现河面漂着无数竹筒，只见这些竹筒用蜡膏塞闭，上插小旗一支，不分昼夜，源源不断从城内流出。原来法军在利用河流传递信息。只见竹筒内有文字道:“有谁人拾得此信,投上法国全权大臣者,赏银20元。”又自述城中困境,“三圻城被困,水泄不通,粮草将断,若无救兵,行将全军尽毙。速起大队兵马来解围,俾救数千兵士。”竹筒初现之时,刘永福命士兵一一打捞,后越来越多,捞不胜捞,且黑夜之时,根本无法全部捞起。

这时,刘永福陷入沉思,知此竹筒所传信息必将为外界所知,外援迟早将至,于是不再理会漂流之竹筒,转而谋划应对之策。

此后,刘永福每天率亲信四处察看地形,准备伏击法军。一日,刘永福等人来到大茅坡。此处一边靠水,一边近河,茅草丛生,绵延数里,草高6尺有余。大茅坡为进入三圻必经之地,也是伏击法军援兵的首选之地。深思熟虑后,黑旗军定下了火攻计策。然后,刘永福一面派人前往岑毓英处,领取炸药2万斤,一面密遣心腹数人,往河内查探法军动向,同时收买在法军中做工的越南人,嘱其密通消息。

火药领毕,刘永福令木匠赶造大木箱四五百个,每个木箱装入火药40斤,并掩埋在大路两旁。为免法军起疑,黑旗军对大路两侧新铲茅草地做了伪装处理,即筑新坟若干，插上香烛，烧若干纸钱，故意误导法军，让其以为此地为掩埋阵亡士兵之地。

诸事布置停当之际，有消息传来，5000多法军正奔驰而来，刘永福等人立即准备战斗。只见法军排山倒海般涌来，势头迅猛，刘永福随即派数百人与之接战，黑旗军先是一阵猛攻，后佯装败退，实则是诱敌深入之计。法军以为得胜，欢天喜地，数千人马一拥而上，待到进入伏击圈后，黑旗军点燃引线，引爆火药，只听一声声巨响，火药飞爆，势如山崩地陷，法军两三千人顿时毙命。黑旗军同时施放火箭，射杀法军数百人，又有数百残兵焦头烂额，体无完肤。

是役，黑旗军大获全胜，法国援军大败。

惨败消息很快传到河内，驻越法军统帅闻之魂飞魄散。盛怒之下，即遣第二批人马再次出发，刘永福率部迎战。两军交锋，初时互有胜负，难分高下，战到下午，胜负依旧未分。当时黑旗军中有数百商人在营经商，两军战斗正酣之时，商人们见刘永福迟迟无法取胜，心生怯意，蜂拥而走，黑旗军军心略有所动，然而并无大影响。在刘永福苦苦支撑下，黑旗军与法军战斗了一整天，眼见子弹将尽，清军又坐视不救。此时吴凤典等三营被法军击破，死伤百余人，不得已，刘永福遂退守至十里外的清水沟。

头关失陷，三圻屏障顿失，法军趁机长驱直入，直接与清军交战。岑毓英以粮草缺乏为借口，退至顿关，随后黑旗军亦至关上。岑毓英先是支使刘永福率部驻扎六安州，待队伍行至左保，又令其折往临洮府。

原来，清军的真正用意是攻打临洮。黑旗军开拔临洮前，已先遣竹春、陶美、徐恩、黄明、苏元礼等人带千余人在临洮府不远处扎寨。竹春等五人乃云南知化地方武装首领，枪支、旗帜均有，无事则安心农业，有事随时可以召集作战。此次受岑毓英雇佣前来助战。知化雇佣军、黑旗军及岑毓英部清军，各自扎好营盘，互为犄角。时有法军千余人来攻，攻击一日，仍不能下。天黑之时，四周黑旗遍地皆是，“杀啊，杀啊!”的呐喊声震天。法军战斗一天，疲倦至极，此时听到喊声四起，怀疑黑旗军两面夹击，只见桥头黑旗军人马纷纷聚塞，堵住去路，法军欲打不能，欲退无路，若再继续坚持，绝无生路。面对这种局面，法军个个惊恐万分，只得悄悄逃走。

正在黑旗军作战吃力之时，镇南关传来了冯子材大胜法军的振奋消息，巴黎的茹费里内阁也因之倒台。

中法战争出现了转机。

第六章　离越归国

1885 年的一天，越南山西草圩，出现了一幕奇特的景象。

一队约千人的清军，星夜奔驰而来，拼尽全力，准备战斗，而其对手法军却毫无战意。

是双方力量过于悬殊？显然不是。草圩法国驻军约 500 人，此外尚有 500 越南伪兵，从人数上看，双方实力相当。法军一向自诩战斗力强，常常以少胜多，面对千余人的清军，还不至于临阵生怯。

清军甚感莫名其妙，稀里糊涂，仿佛一记重拳击在棉花上。

正在丈二和尚摸不着头脑之际，只听得耳边传来了蹩脚的汉语："不用打，不用打，我们国家与你们议和了，请来饮茶。"

原来，这时中法两国已经议和，双方签订了《中法新约》，内容如下：

一、越南诸省与中国边界毗连者，其境内法国约明自行弭乱安抚。其扰害百姓之匪党及无业流氓，悉由法国妥为设法，或应解散，或当驱逐出境，并禁其复聚为乱。唯无论遇有何事，法兵永不得过北圻（指旧时越南北部十六省）与中国边界，法国并约明必不自侵此界，且保他人必不犯之。其中国与北圻交界各省境内，凡遇匪党逃匿，即由中国设法，或应解散，或当驱逐出境。倘有匪党在中国境内会合，意图往扰法国所保护之民者，亦由中国设法解散。法国既担保边界无事，中国约明亦不派兵前赴北圻。至于中国与越南如何互交逃犯之事，中、法两国应另行议定专条。凡中国侨居人民乃散勇等在越南安分守业者，无论农夫、工匠、商贾，若无可责备之处，其身家产业均得安稳，与法国所保护之人无异。

二、中国既订明于法国所办弭乱安抚各事无所掣肘，凡有法国与越南自立之条约、章程，或已定者，或续立者，现时并日后均听办理。至中、越往来，言明必不致有碍中国威望体面，亦不致有违此次之约。

三、自此次订约画押之后起，限六个月期内，应由中、法两国各派官员，亲赴中国与北圻交界处所，会同勘定界限。倘或于界限难与辨认之处，即于其地设立标记，以明界限之所在。若因立标处所，或因北圻现在之界，稍有改正，以期两国公同有益，如彼此意见不合，应各请示于本国。

四、边界勘定之后，凡有法国人民及法国所保护人民与别国居住北圻人等，欲行过界入中国者，须俟法国官员请中国边界官员发给护照，方得执持前往。倘由北圻入中国者，系中国人民，只由中国边界官员自发凭单可也。至有中国人民欲从陆路由中国入北圻者，应由中国官员请法国官员发给护照，以便执持前往。

五、中国与北圻陆路交界，允准法国商人及法国保护之商人并中国商人运货进出。其贸易应限定若干处，及在何处，俟日后体察两国生意多寡及往来道路定夺。须照中国内地现有章程酌核办理。总之，通商处所在中国边界者，应指定两处：一在保胜以上，一在谅山以北。法国商人均可在此居住，应得利益应遵章程，均与通商各口无异。中国应在此设关收税，法国亦得在此设立领事官，其领事官应得权利，与法国在通商各口之领事官无异。中国亦得与法国商酌，在北圻各大城镇拣派领事官驻扎。

六、北圻与中国之云南、广西、广东各省陆路通商章程，应于此约画押后三个月内，两国派员会议，另定条款，附在本约之后。所运货物进出云南、广西边界，应纳各税，照现在通商税则较减。唯由陆路运过北圻及广东边界者，不得照此减轻税则纳税；其减轻税则亦与现在通商各口无涉。其贩运枪炮、军械、军粮、军火等，应各照两国界内所行之章程办理。至洋药进口、出口一事，应于通商章程内定一专条。其中，越海路通商，亦应议定专条，此条未定之先，仍照现章办理。

七、中法现立此约，其意系为邻邦益敦和睦、推广互市，现欲善体此意，由法国在北圻一带开辟道路，鼓励建设铁路。彼此言明，日后若中国酌拟创造铁路时，中国自向法国业此之人商办；其招募人工，法国无不尽力劝助。唯彼此言明，不得视此条系为法国一国独受之利益。

八、此次所订之条约内所载之通商各款，以及将订各项章程，应俟换约后十年之期满，方可续修。若期将满六个月以前，议约之两国彼此不预先将拟欲修约之意声明，则通商各条约、章程仍应遵照行之，以十年为期，以后仿此。

九、此约一经彼此画押，法军立即奉命退出基隆，并除去在海面搜查等事。画押后一个月内，法兵必当从台湾、澎湖全行退尽。

十、中法两国前立各条约、章程，除由现议更张外，其余仍应一体遵守。至此次条约，现由大清国大皇帝批准及大法国大伯理玺天德批准后，即在中国京都互换。

《中法新约》于1885年6月9日签订。由于当时中国刚刚取得镇南关大捷和谅山大捷，故舆论普遍认为中国是不败而败，法国不胜而胜。

乘胜而和，实际上是清政府的一种策略。从局部上看，清军确实取得了胜利，但由于1884年马尾之战福建水师全军覆没，海战上中国明显处于劣势。谅山战后法军又出兵占领了澎湖岛，台湾的困境和危机加剧，东南沿海战局对中国极为不利。连年战争消耗，清廷大量举债，清军筹饷艰难，据统计，1883—1886

手擎“令”字旗的清兵

年，清政府借外债共 8 次，总额高达白银 1760 万两，其中绝大多数为战争费用，包括援台规越、广东海防、滇桂借款等诸多名目。正是在这种形势下，清政府才在局部胜利的情况下与法国议和。

中法之战，对刘永福与黑旗军而言，则是危机的解除。此前，主和派代表李鸿章及驻法公使曾纪泽一直在和法国谈判，希望通过和谈解决越南问题，其中一个重要内容，即是对刘永福与黑旗军的处置。由于黑旗军连挫法军，两次斩杀法军主将，故清廷预感到法方会要求处置刘永福。清廷的和谈预案里，刘永福与黑旗军是双方谈判的牺牲品。若和谈成功，黑旗军将撤出越南，部队由清政府遣散。《中法新约》第一款所谓“中越边境匪党”，在法国人眼里，显然包括黑旗军。清廷为了自己的利益，断不会在此问题上与法方坚持。

黑旗军的“令”旗

1885 年，《中法新约》议和之际，刘永福接到上谕，内容如下：“本日奉旨，刘永福一军着即调扎思、钦一带。该军到防后，人数、饷数，张之洞酌定具奏。”

此上谕由两广总督张之洞转达，旨在催促刘永福入关。刘永福并不知道中法议和之内情，虽接到入关命令，但并未放在心上。

此时黑旗军正在保胜休整，数日之间，不仅再次接到张之洞催促入关的密函，刘永福抗法的顶头上司、云贵总督岑毓英，也开始就黑旗军撤出越南一事频频下指示。为促使刘永福尽早动身，张之洞甚至特派孙鸿勋到保胜，专程迎接刘永福。同时，张之洞又电告唐景崧，令其函告刘永福，若黑旗军不退出保胜，则澎湖亦须迟退，亟应如期撤回，不准稍有迟延。

刘永福入关，则黑旗军在越南境内势力不复存在，意味着区域力量失衡，越南步入法国一家独大的时代。对越南民众而言，失去黑旗军的保护，将面临一个未知的局面。除了苦苦挽留外，在他们内心深处，是极度不满的。由于越南民众普遍认为黑旗军内迁是岑毓英上奏所致，故对岑痛恨异常，此种情绪在雷击岑毓英的故事里有所反映。

故事讲述的主要内容是岑毓英催促刘永福入关而遭雷击的事情。话说正在张之洞催促刘永福之时，岑毓英亦到保胜督促黑旗军将士启程。岑未到即提前告知了行程，刘永福则安排岑毓英到保胜关帝庙休息，并事先在河边搭棚迎接。待岑毓英到保胜后，行至关帝庙，黑旗军将士齐声呼喊："宫保行辕在此。"然而船夫置若罔闻，继续前行，直往河口驶去。原来岑毓英本是多疑之人，假意答应，实则打算到河口停留，故继续前行。行驶间忽听一声炸雷，天崩地裂，岑毓英之船遭到雷击，他吓得魂飞魄散。不多时，又一声巨响，船板亦被击碎。此时，连河岸上围观之人也惊得目瞪口呆，心道："真打死了。"只见岑毓英吓得面如土色，魂不附体。船将至河口时，又听轰隆隆一声雷响，击中船篷。此刻两岸沸腾，众人大哗，只听有人高呼："真真雷打死岑毓英了！"欢呼声此起彼伏。然而，岑毓英并没被雷击中，只是经此三声巨响，吓得不轻。

刘永福口述、黄海安撰写的《刘永福历史草》里记载了这个故事。《刘永福历史草》对岑毓英形象的描述，有学者指出有丑化岑氏的倾向。今天我们读到这个故事，仍觉得不可思议。由于该书在刘永福生前并未定稿，这个故事很难说不是黄海安道听途说，我们在解读时不妨以民间传说视之。

当然，民间传说虽有虚构成分，却也暗藏着历史真实。透过雷击岑毓英故事,我们不难看出,越南人对刘永福离开越南的态度。

刘永福入越 20 余载,征战不休,黑旗军将士多有牺牲,留下孤儿寡母甚众。撤出越南,刘永福是百般不情愿,然而亦知情势难以改变。撤离之际,他首先想到的是黑旗军将士和众多家属的安置问题。为此,刘永福在禀告中恳请其义子刘成良留居越南,并向张之洞报告善后六事,作为入关之前提。大略如下:

其一,保胜山川险要、瘴气弥漫,拟择子弟为官,据险而守,永固云南门户,防止法人入侵。

其二,若入关,黑旗军三千余众当一起前行,以备用时。

其三,告知本人但知战事,其他一切因应事宜,诸多未谙,百般苦心不能上达,难免有龃龉之出,恳求设法周全。

其四,求换清朝关防,替代此前所用之越南关防。

其五,请求妥善安置。

其六,枪炮、火药等辎重,请明确指示留在保胜还是随身带走。

针对上述意见，两广总督张之洞逐条批示，共十一条，涵盖刘永福所提所有事项，大意如下：

一、关于黑旗旧部，只准带两千人马，若无两千，一千更佳。

二、关于孤寡人家，赏银万两，以为安置之费。

三、刘成良留守越南之事，不予考虑。

四、黑旗将士之奖恤，到广东后开单禀告，代为奏请。

五、保胜虽为云南屏障，然与法人有约，可置之不论。

六、认可刘永福不谙因应事宜，告知会设法周全，消除刘永福归国顾虑。

七、关于关防事宜，已饬令刊刻记名提督统领"福"字全军关防一颗，福军左右中前后各营关防五颗，待到广东后领取。

八、关于法人寻仇事，因已内迁，当无借口。

九、军械等辎重，不必携带，待黑旗军到广东后再行发放。

十、关于黑旗军所需军饷及安置家属之费，先行从岑毓英处拨给三万五千两，到龙州转运局后再领三万五千两，其他需补军饷至广东后再行补领。

十一、越南人想必会苦留黑旗军保卫，中方已咨会法人，可不必过虑，既已内迁，则自卫与否听越人自便。

刘永福5月18日接到回批，至此收到回国照会、函文、文牍等不下20件，且岑毓英、张之洞均委派专人催促成行，几经犹疑之后，刘永福决定撤出越南。

为顺利归国，刘永福做了周密安排，他首先在众目睽睽之下把火药、子弹等装在箱子里，暗地里则以同样的箱子装些废铁，在装有废铁的箱子外部写上金某千两，先行运去，用以探路。第一批雇人运去三分之一，数百人随行，过几日又雇人运去三分之一，同样以数百人随行，每次挑运，均掺杂平常物件一二十挑。时至7月，刘永福始带2000亲兵和家小数十人启程。为防止法军尾随，刘永福特意安排数百名兵丁隔日启程。

清廷虽要求刘永福少带兵士，不过，作为黑旗军统帅的刘永福并未机械地执行。凡黑旗军将士愿意入关者，全部带入关内，人数多达4000余人，加之雇佣之人，约计5000余人。

黑旗军将士得知要回归阔别已久的故国，即将与亲人相见，个个眉开眼笑，喜不自胜。然而等待他们的，并非坦途。

黑旗军归国之行，张之洞所派专使孙鸿勋一路随行，途中刘永福与之议事多有龃龉，孙遂密电张之洞，告黑旗军野性未改，不可多带人马。

本来清廷对黑旗军就心存戒备，多有防范，且此前与法国谈判中早有牺牲黑旗军的意图，此次黑旗军内迁，不过是变相解散。这从张之洞的回批中已经暗暗开始了，而孙鸿勋的汇报，更加速了这个过程。

张之洞得知刘永福带领大队人马归国后，立即告知裁减人马，留下 1200 名士兵，200 人作为亲兵，每 200 人编为一个营，其余一概解散。在越南时刘永福尚可推迟行程，讨价还价。此刻已至广西境内，不得不遵从清廷安排，只是在人数上争取到多留下 200 名亲兵，黑旗军才得以保留 1400 人。可怜被裁撤的黑旗军士

刘永福肖像画

兵，原本欢天喜地地归国，不料顷刻间失去安身之所。这批人只得各奔东西。

刘永福此次归国之行，由保胜出发，经广西，直到12月始至广东省城。此后，刘永福先后授职南奥镇总兵、碣石镇总兵，又进京一次。而黑旗军又奉命裁撤两营人数，只存千人。

1888年底，刘永福接到钦州同乡、抗法名将冯子材来信："谚云'一山不能藏两虎'，君切不可信。夫唯英雄，方敬英雄，君祈安心，即在钦州落业为上。"

冯子材何以去信给刘永福？

那良镇刘永福旧居

刘永福当时正准备归隐家乡，由于此前在那良镇定居，故有在那良隐居终老的打算。早在一年前，刘永福即利用回乡省亲扫墓之机，在那良大坡村兴建住宅，经过一年多施工，于 1888 年冬天建造完毕。

刘永福在那良镇建房定居的消息，自然瞒不过冯子材。闻知此事后，冯子材对他说："你在越南二斩法酋，法人对你恨之入骨。今越南已沦为法国殖民地，而你这座房屋正好面对越南的虎头山，屋前又是一望平川，无遮无拦，早晚开门都可互相望见，万一法人又再兴风作浪，你如何住得安稳？不如迁回钦州定居，方为上策。"

刘永福旧居三宣堂

小贴士

三宣堂：刘永福故居，位于钦州市板桂街10号（古称下南关），建于1891年，占地22700平方米，建筑面积5600平方米，大小楼房119间。除主楼外，有头门、二门、仓库、书房、伙房、佣人房、马房等一批附属建筑，以及戏台、花园、菜圃、鱼塘、晒场等设施，是钦州现存最宏伟、最完整的清代建筑群。

是时，冯子材也在钦州居住，刘永福深知“一山不能容二虎”，对是否回钦州甚是犹豫，举棋不定之间，冯子材特来信相劝，故有来函中英雄惜英雄之说。

刘永福接信后，决意叶落归根，身归故里，遂在钦州城内板桂街购得莫姓房屋一座，并以自己在越南的官衔命名为“三宣堂”。

第七章　赴台抗日

1894年,中法战争转眼过去了十年,这一年,中国与近在咫尺的日本爆发了甲午战争。

与中法战争惊人地相似,这次战争的主角,除了中国与日本,还有中国北方的另一个邻国朝鲜。

朝鲜作为中国的藩属,长期以来属于中国的势力范围。随着实力的崛起和实行扩张政策,日本不断向朝鲜渗透,对朝鲜的影响逐渐增强。1884年,日本利用中法开战和朝鲜新旧党争之际,借口日本人被杀事件,派遣全权大使至朝鲜,要求谢罪、赔款、惩凶、建新馆、增置戍兵五事,胁迫朝鲜同意。

1885年,伊藤博文与李鸿章在天津就朝鲜问题议定三款约定:一是同时撤出朝鲜驻军;二是均不派教官参加朝鲜练兵;三是将来若派兵赴朝,要相互知会。这为日本以后插手朝鲜事务埋下了隐患。

1894年,朝鲜发生内乱,当局请求中国出兵,根据

1885年条约，中国通过驻日公使汪凤藻告知日本外务省，岂知日本却要起无赖，初以朝鲜并未承认其为中国藩属为说辞，后则直截了当地告知日本不承认中朝宗藩关系之事实。本来朝鲜只是向中国求救，而日本却不请自来，以1885年中日《天津条约》和日朝《齐物浦条约》为借口，亦出兵朝鲜。由于事件很快平息，驻汉城（今韩国首尔）的美、俄、法、英公使等联合通知中、日两国撤军。对撤军，中国是同意的，但对于撤军的细节，则与日本有分歧，中、日两国互不相让，均希望对方先撤军。中国无奈提议两国同时撤军，但日本却无意撤出朝鲜。

这种背景下，清廷为牵制日方力量，防止日本偷袭台湾，特命刘永福带兵前往防守。黑旗军除去老弱，加上新募两营，共六营人马入台。

此时刘铭传已卸任台湾巡抚一职，时任巡抚为邵友濂，刘永福此行即是协助邵友濂处理军政事务。

不过，待刘永福兵至台湾，邵友濂业已卸任，代之者为刘永福熟识的唐景崧。唐景崧原为吏部主事，喜谈兵，向有知兵之名，中、法议和后，唐景崧以功授职台湾道，后被擢拔为布政使。中、日战起，清廷以唐景崧知兵，故代邵友濂任台湾巡抚。

刘、唐虽为旧相识，然关系并不融洽，在台湾防务方面亦多有意见冲突。

就兵力而论，台湾有20余营，加上刘永福新带去的人马，共约3万人。由于邵友濂并不熟悉攻防布阵，兵力被分散在台湾各处，难以发挥作用。唐景崧上任后，亦沿袭邵友濂的布局。刘永福黑旗军驻扎在台南，待唐景崧就任巡抚后，刘曾当面与之商议，力主将黑旗军移驻台北，两军合为一处，集中兵力布防。唐自视知晓军事，并不把刘永福的意见放在心上，仍令刘永福驻防台南，自己独守台北。对此，台湾人丘逢甲曾苦劝唐景崧听从刘永福意见，终无济于事。后来唐景崧防御台北失利，给刘永福的台南防务造成巨大压力。

台南黑旗军

刘永福赴台抗日，有一事不能不

提，这就是丘逢甲等人谋划的台湾民主国。

丘逢甲，祖籍广东，1864 年生于台湾淡水铜锣湾，字仙根、吉甫，号蛰庵、仲阏、华严子，别署海东遗民、南武山人、仓海君，晚清著名爱国诗人。今天台湾的逢甲大学即是为纪念丘逢甲命名。1889 年丘逢甲中进士后任工部主事，不久回台湾任教于衡文书院，甲午战争爆发后，丘逢甲变卖家产，在台湾兴办团练，以备不虞。

1895 年，元宵节刚过，李鸿章和伍廷芳已经开始了异国之行，目的地正是交战中的敌国日本。李鸿章心情沉重异常，行前他接到美国公使的来信，信中转达了日本方面的意见：若中国有意和解，前提是先赔偿军费和承认朝鲜独立自主，若李鸿章等人无割让土地和签字画押之权限，则不必徒费周折前往日本。李鸿章不禁想起十年前的中法谈判，那时不割地不赔款是中国的底线，面对日本今日此等要求，前方的谈判之艰辛可想而知。

果然，日本狮子大开口，不仅要求中朝解除宗藩关系，中国赔偿日本白银 2 亿两，还要求中国增开重庆、沙市、苏州、杭州等通商口岸。尤其不能接受的是，日方竟然要求中国割让辽东半岛，台湾、澎湖及所属岛屿。

《马关条约》的签订，令朝野愤怒，朝臣纷纷弹劾李鸿章，在舆论压力下，李鸿章返回天津，称病不朝。

割让台湾的消息传来，一时舆论哗然，台湾民众更是群情激奋。当时台湾在京应试举人，纷纷上书都察院，请求停止割台之议，丘逢甲电奏清政府，慷慨陈词："自闻警以来，台民输饷、械，无负列圣深仁厚泽，二百年养人心，正士气，正为今日之用，何忍一朝弃之？全台非澎湖之比，臣桑梓之地，义与存亡，愿与抚臣誓死守议。若战而不胜，待臣等死，再言割地，亦可上对列祖，下对兆民。"其时台湾民众反日情绪高涨，丘逢甲等人眼看台湾被清政府遗弃，随倡议台湾自主，此议一出，全台民众响应，纷纷推举其起草台湾临时宪法，建立"台湾民主国"。

丘逢甲

"台湾民主国"以蓝底黄虎为国旗，"永清"

为年号，表明永远臣服清廷。其成立之日发给清政府的电文是："台湾士民，义不臣倭。愿为岛国，永戴圣清。"

在台湾民众支持下，唐景崧被拥戴为"大总统"。后来抗日失利，唐景崧秘密离台。台湾既割，清廷谕令所有在台官员返回大陆。谕令到时，唐景崧已不在台湾。群龙不能无首，何况大敌当前，军务纷繁之际！此种情况下，台湾人民推举刘永福为"大总统"，负责全台战守事务。

需要说明的是，"台湾民主国"是在极其特殊的情况下成立的，是清政府割台背景下，台湾人民为争取继续抗日而进行的爱国运动。

北白川宫能久

"台湾民主国"宣布成立后，日军加强了对台进攻力度，日本陆军中将北白川宫能久亲王亲率近卫师团赶赴台湾。5月29日，日军近卫师团在三貂角登陆，6月3攻陷基隆，6月7日占领台北。台湾斗争形势异常严峻。

小贴士

北白川宫能久：即久能亲王，是伏见宫邦家亲王第九子，仁孝天皇养子，1847 年 4 月 1 日生于日本京都。曾在德国普鲁士军校受过系统的军事训练，历任东京镇台司令官、步兵第一旅团旅团长、第四师团师团长、近卫师团师团长。《马关条约》签订后，率领日军进攻台湾，台湾民间传言此人在进攻台湾过程中被击毙。

台北陷落后，台南、台中尚在刘永福掌控之中。清廷虽有内渡之令，然主战派大员如两江总督张之洞、两广总督谭钟麟等多有抗日之心，暗中支持刘永福，密嘱坚持，相机守台，并许诺接济粮饷。

有两江、两广支援，加上台湾士绅支持，刘永福决计坚持抗日。后张之洞果然汇款百万，然而经上海时为李鸿章所阻止，台湾抗日力量失去一有力援助。

时至六七月间，正值青黄不接之际，由于战事纷扰，台湾有财力的人家纷纷内渡，张之洞、谭钟麟允诺接济之饷杳无音讯，台湾财政万分困难，日军又攻击不止。刘永

刘永福部下张璘峰使用的剑

福眼见不支，焦虑异常，密遣幕僚吴桐林归国求援。

吴桐林，四川屏山县人，字蛰卿，号耽道人，曾任商部郎中。1895 年赴台南，在刘永福帐下帮办军务，筹措军饷，刘永福回复日军劝降书即出自吴桐林之手笔。

吴桐林先到福州面见闽浙总督边宝泉，后赴广州拜见两广总督谭钟麟、广东巡抚马丕瑶，再赴烟台求见李秉衡，后又去山海关求见刘坤一，去天津求见王文韶，去南京求见张之洞，遍访沿海诸大员，然而无一应者。即使原先答应支援之谭、张二位，亦表示无能为力。

张之洞与吴桐林彻夜密谈，张告诉吴，日本因为有东南督抚暗中助台抗日之说，屡屡与清廷交涉。此事关系两国外交，实在无能为力。张之洞对不能支援黑旗军而叹息不已，只得无奈地说："无已秘嘱渊帅归耳。"

张之洞

张之洞素以主战闻名，中法之战，张氏主战最力，不仅举荐了冯子材等战将，还向清廷建议令唐景崧招募健儿出关，支持刘永福抗法。此后中法虽议和，然而张之洞以言和为耻，任两广总督期间，积极创办广东水陆师学堂，开矿务局，设枪炮厂，积极寻求自强之道。十年后中日战起，刘永福黑旗军坚持抗战，张之洞自然欢欣鼓舞，不遗余力支持。然而局势如此，他也不得不遗憾万分。

吴桐林游说沿海督抚，当日虽无所获，却并非毫无作用。闽浙总督边宝泉私下曾去函两广总督谭钟麟，请其设法接济。刘永福离台之前散给兵士之饷银，即是谭钟麟及福州将军暗中相助。

关于张、谭二位承诺的粮饷接济无法兑现之事，张之洞面见吴桐林时已有解释。实际上，张之洞面临的境遇，亦是刘永福和沿海地方大员的共同处境。从大的外交环境看，中日双方已经议和，舆论上已不允许公开支持台湾抗日。具体到两广总督谭钟麟个人，也有自己的考虑。按照谭钟麟自己的说法，他认为，刘永福乃忠义之人，若筹足粮饷运台，则无疑是送刘永福于绝路。刘永福这等忠义之人，见军粮运到，一定会与日本人死拼到底。而根据谭钟麟所获情报，台湾殷实之家多远徙他处，此种情况，军中无粮，人心必散，纵然此后粮草运到，刘永福左右人心业已涣散，必不能持久，反倒是害了刘永福本人。

谭氏之言，固然有为自己开脱的成分，但不能不说，其所推测之种种，倒是与实情无甚出入。

小贴士

张之洞（1837—1909）：字香涛，谥文襄，河北南皮人。早年是清流首领，与曾国藩、李鸿章、左宗棠并称晚清“四大名臣”。张之洞在政治上主张“中学为体，西学为用”，历任山西巡抚、两广总督、湖广总督、军机大臣等职，是洋务派代表人物，著有《张文襄公全集》。

小贴士

布袋嘴：即今台湾省嘉义县西南布袋镇，又作布袋口、布袋澳，位于盐水溪溪口北侧，以小半岛状突入海中，外为布袋港，因“其形外狭内广，如布袋状，故名”。布袋嘴清代为台湾西海岸重要港口之一，日本占领期间设布袋嘴区，1920 年后改设布袋庄，1945 年抗日战争胜利后设布袋镇。

刘永福手下有一名统带，姓李名韦二，中日交战正酣之时，主动要求带两营人马，前往布袋嘴抵御日军。最初，刘永福拒绝了李韦二的请求，奈何李韦二再三要求，刘永福勉强答应。临行前，刘永福给李韦二 4000 两饷银，并配足了武器弹药。不料，李韦二所谓率军抗敌，不过是一个说辞，其真实想法是摆脱刘永福监管，携饷潜逃。更为恶劣的是，李韦二潜逃前还把武器变卖一空。

李韦二并非个案。不说台湾义勇军及黑旗军新募士兵，即使黑旗军旧部，眼见粮草将尽，也大有散去之势。个中细节，从两位黑旗军将领的对话中可略知一二：

李葆真：刘公现在何处？

刘光明：我怕他到日本矣！

李葆真：尔何以自回？

刘光明：我们不回，尔听从他死吗？我们回去有官做的，何必跟他同归于尽耶。

李葆真、刘光明皆刘永福部下，前者是海门参将，未参加台湾抗日，后者跟随刘永福到台湾抗日。这是刘光明面见李葆真的谈话，对话发生时李葆真是海门参将，当时刘光明已先刘永福返回大陆。刘光明之心态，在黑旗军中恐不在少数。

内渡之事，军粮将尽之时，刘永福义子刘成良对其有所规劝，不过刘永福心有所念，认为："虽无粮，何以对百姓？"是时英国领事见双发僵持不下，试图调停，告知与日本人讲和，刘永福曾通过此途径与日本人进行交涉。鉴于台湾财政困难，粮饷近涸而外援无望的状态，刘永福答应谈判，后因部下担心刘永福安危而劝阻。由于外界不明真相，与日本人和谈之念头和举动，成为时人攻击刘永福之口实，亦为永福平生之憾事。

内渡之念虽定，然而刘永福等人的归途却非一帆风顺，甚至有些离奇曲折。

刘永福与义子刘成良精心设计了内渡方案。当时台南府有两艘船可乘，一是停泊在云澳附近的大木船，离台南府约二三里；另一艘是英国的大轮船，名叫“的厘士”，距离木船约二里。刘永福的内渡计划分两步，首先是命差弁带印信和贵重物品搭乘“的厘士”轮撤离，然后是自己带领亲信乘大木船离台。

刘永福内渡之时，日军已进入台南，海面亦为日军控制，黑旗军处于重重围困之中，故有此费心之安排。

出发前的一天，刘永福派一个叫亚鹤的仆人与大木船船主交涉，由于答应支付高额船费，且有合理说辞，交涉过程相当顺利。原本刘永福令亚鹤先至木船静候，夜

表现刘永福率领黑旗军在台湾抗击日本侵略者的清末年画

深人静时自己再行登船。然而，等到靠近木船时，船员却以为盗匪靠近，齐声喊打。原来，仆人亚鹤并未登船，而是偷偷逃跑了，所以才有此误会。众人不得已，只得临时起意，直奔“的厘士”轮而去。

“的厘士”虽是英船，但当时正值战争期间，日本人时时巡查不说，船上更有坐探一名，随时盘查过往旅客。

为避免身份败露，刘永福亲信陈湘泉先行登船，与管事梁亚兆、吴玉泉等秘密交涉，请求设法保护。管事告知：“今既到此，唯有设法过船，再行随时计议。”梁亚兆等人既允登船，自然尽力帮忙，可如何使刘永福顺利上船和避免日本人盘查，却也煞费苦心。“的厘士”登船口有人把守，加之船上有坐探，刘永福要安全通过，并非易事，梁亚兆等人不得不告知船主实情，并百般恳求掩护。

为使刘永福顺利登上“的厘士”轮，船主灌醉坐探，趁把守人用餐之际，迅速带刘永福登上船。

刘永福被藏匿在密闭的船舱内，潮湿不堪，空气不流通，近乎窒息。好在舱门尚薄，刘永福尽力撑开一条缝隙，呼吸顺畅了不少。然船行不多时，“的厘士”轮被日轮拦下，只见十余日本兵个个携带刘永福照片，逐舱搜查，随时核对。刘永福亲信吓得一身冷汗，义子刘成良更是惊慌失措。

日军搜至刘永福藏身处时，梁亚兆正在收取乘客船费。见日本人至，方寸大乱，不知如何是好。此时刘成良恰在不远处，然而也不敢挪动近前，只是暗暗为刘永福担心。情急之中，梁亚兆拼命地用身体掩住刘永福推开的舱门空隙。待到日本人离去，只见他手脚发麻，碎银散落一地，浑然不觉。

众人一阵惊吓，纷纷与刘永福陈说细节不提。单说次日早上六时许，离厦门海岸尚有两三小时路程，忽又有日本兵轮追来。原来日本人探得刘永福一干人等离台，知乘坐“的厘士”轮，故又派兵来搜查。

陈湘泉、吴玉泉等人远远望见日本兵至，心想：此次追来，恐难脱逃，遂苦苦央求船主：“刘某今搭我船，现日本船追来搜捉，无论如何，均望船主设法救其一命。”船主答曰：“如此甚为有碍于我，若搜出，彼固不得生，我亦受重责。”梁再三恳求，船主遂仰面沉思良久，顿足自言道：“刘某曾救我一命。”

原来，在一个月前，船主在安平县海中停泊，一时无事，遂带船员登岸游玩，为防身计，他们都携带了枪支。正值两军交战之际，此等装束极易引起怀疑，适逢白沙墩统领张占魁例行巡察，见船主可疑，即以日本间谍为由，绑缚众人，交于刘永福处。刘永福稍作盘问，知其非日本人，即好生招待一番，予以释放，于是船主得以逃命。船主所谓救命之说，即由此而来。

有此因缘，船主尽力保护刘永福自不在话下，然如何躲过搜查，却非易事。

不多时，日本兵登船来搜，此时刘永福已被安置在大火的房间，所谓“大火”，即轮船烧炉子的人，此人睡在房中较矮的床铺，刘永福睡在其对面，船主又安排一名叫亚贵的人来伺候刘永福。刘永福回忆，日本兵曾三次进入大火的房间，可三次均视而不见，整个搜寻过程惊心动魄又极富有戏剧性：“未几，日本十数人到，四处搜寻不见，日兵每人手执四方铁棍一根、短火一支、公之相片一张，来到，无处不搜。有顷，即到大火舱，一日兵入而望望，公亦见他，唯其并不见公。有顷，又来另一日兵，入而望望，不见公，日兵亦去……有顷，日兵又复到，呼唤令大火开房，时大火惊心动魄，其魂亦丧失，但无法可设，迫得仍在其处而已。大火不得已开之，日兵入，亦不见公，望望又去，盖此时公见日兵入而左顾右盼，唯日兵并不见公。”刘永福奇迹般躲过了日军的搜索。

事情并未就此罢休，日本人无理要求轮船驶回台湾，清空船上所有货物，逐一排查乘客。

此时已是下午四点半。轮船公司见“的厘士”轮迟迟未至，遂沿途寻找，见此情形，再与日方搜查人员交涉。加之船上已死亡一人，又适逢一婴儿诞生，在轮船公司一再坚持下，日本人方停止搜查。

刘永福等人登岸后，虽心知危险仍在，但已到内地，当较台湾安全。不料，新的危险又悄然逼近。

至厦门后，刘永福等人先在一故交处落脚，后至屈臣氏药房居住。由于担心安全问题，刘永福一行打算夜幕降临后转移至他处。尚未及离开，却遭遇突发事件。

原来，李韦二到达厦门后，在此停留下来，刘永福等人来后，其亲信亚珍、亚相、亚庆在街上路过时被李韦二手下遇见。闻此消息，李韦二心生恐惧，担心前事败露，遂有加害刘永福之心。李韦二令手下尾随亚珍等人，悄悄打探刘永福行迹。好在刘永福与亚珍等人并非居于一处，李韦二虽成功寻到亚珍之居处，却未发现刘永福。离台时刘永福随行人员仅十数人，李韦二以数百人之众，对亚珍等人围追堵截。

刘永福在屈臣氏楼上居住，距离亚珍等居处不远，李韦二等人遍布街头巷尾，刘永福在楼上清晰地听到李韦二手下呼喊："都系在此数间铺内无疑了，今夜候到天光，都要拿到他方行休手，乃雪此恨。"一时之间，嘈吵错杂。当晚 8 点钟，外面渐渐安静下来，不过仍然有 100 余人围堵在屈臣氏附近。刘永福暗暗叫苦，屈臣氏并无后门可通，此处前路被困，后路无门，难道要丧命于此？思及此，心中颇有些慌乱。

孤立无助之时，刘永福心中暗自祈祷："天乎，天乎！我刘某为国为民，千万危险方得脱离虎口，今已到厦上岸，忽然又遭此厄，天乎，天乎！亦当设法为之一援也。"据刘永福回忆，当日原本天气晴朗，待刘永福祈祷完毕，不多时便乌云密布，天昏地暗，顷刻间大雨如注。这当然是巧合，可不得不说，突然变化的天气帮了刘永福大忙，让他得以躲过围堵。

在友人帮助下，刘永福连夜离开厦门。至此，方脱离危险之境。

第八章　将军晚景

刘永福内渡后，昔日孤立无援之状，返途之种种凶险，历历在目，回想起两千黑旗精锐入台，与自己同归者，不过十余人。每念及此，心中颇有不平之气。谭钟麟虽对自己出尔反尔之行为有所解释，然而刘永福对沿海大员坐视不救之愤恨，终难消解。

刘永福“虎”字摩崖石刻

在广州逗留一段时间后，刘永福以回乡省墓为由，隐居钦州。

1897年，刘永福归乡三年后，谭钟麟来电征召，始返广州。次年，刘永福召集旧部，重建黑旗军，仍驻广州小北门外老营盘处。

中日停战后，广州当地各种力量虽暗中角逐、风起云涌，但表面上风平浪静，除偶尔会有些宗族间的械斗外，并不曾有大的事情。

然而，广州暂时的和平，换不来刘永福的清净。甲午之战，中国败于日本，举国震惊，东方巨龙受挫于蕞尔小国，国人民族意识觉醒，民主革命运动此起彼伏，农民起义时有发生。在北方，兴起了“扶清灭洋”的义和团运动。

德寿

1900年，中外矛盾激化，英、法、德、奥、意、日、俄、美八国组成联军，向北京进攻，清廷命令刘永福入京勤王，黑旗军乘船至韶关，经湖南宜章、新田、郴州、衡州北上。行至衡州，刘永福接广东巡抚兼署理两广总督德寿电报，催促黑旗军速返广州。

小贴士

刘永福"虎"字摩崖石刻：位于白云山能仁寺牌坊后右侧岩壁上，为不规则椭圆形摩崖石刻，属广州市文物保护单位，刻于光绪二十四年(1898)。右方刻草书"虎"字，字体长约两米，上款书"光绪二十四年重阳立"，下款署"刘永福书"，并刻有"臣刘永福"及别号"渊亭"两个方印。"虎"字左侧记录有石刻之由来："戊戌之春，余在渊亭军部带黑旗军旧部重返五羊城，营于白云山下，训练士卒，未尝少休。时逢九日，渊亭军门率麾下将佐登山作茱萸会，余携友人刘君寺鸣，拜八弟休和，儿子兆基偕往……渊亭军门兴致不浅，蘸墨挥毫，书成'虎'字，余见之爱不忍释，刊于岩壁，以志一时之胜。"

原来，面对北方兴起的义和团运动，革命党认为起义时机已经成熟，随即在广东的惠州和广州同时策划了起义行动。惠州由郑士良发动，广州由史坚如等人组织。1900 年 10 月 6 日，郑士良在惠州三洲田起义，为配合此次活动，史坚如等人在广州策划了谋杀巡抚德寿的行动。

为使暗杀计划顺利实施，史坚如变卖家产，在巡抚衙门后面买下一处民房，偷偷购置了炸药，准备炸毁巡抚衙门，炸死德寿。史坚如等人先是在其寓所挖掘通向德寿卧室的地道，然后把炸药放置于地道尽头，不料炸药爆炸后只是炸毁了巡抚衙门的后墙，德寿却毫发未损。

小贴士

德寿（？—1903）：字静山，满洲镶黄旗人，历任内务府司员、浙江盐运使、四川按察使、安徽布政使、贵州巡抚、湖南巡抚、江西巡抚、广东巡抚兼署理两广总督，1903 年调任漕运总督，未赴任即病逝。

尽管此次暗杀行动以失败告终，史坚如也因之牺牲，德寿却被吓得不轻，急令刘永福返粤稳定局面。

闻知德寿命黑旗军返粤的真实原因，刘永福怒火中烧，一股轻视、鄙夷之情瞬间升起。李鸿章离任之际，刘永福已接到勤王谕旨，然而对是否北上，多有踌躇，询之于李，李鸿章说：“粤省边隅，不可无威望大员坐镇，况北京震动，边省岂可不筹镇压之师，照此看来，尔亦不必多此一举。”

小贴士

史坚如：广东番禺人，天资聪颖，多才多艺，1899年加入兴中会，此后积极开展革命活动。谋炸德寿后被捕，史坚如于1900年11月19日英勇就义，年仅21岁，遗体被东明寺寺僧安葬在佛塔下。孙中山得知史坚如牺牲后，给予很高评价，称他是"为共和殉难之第二健将"。民国成立后，史坚如被追赠为上将军，建祠立墓，广东都督胡汉民亲题"史坚如先生祠"，墓碑文由孙中山领衔题署。1924年，胡汉民又于广东巡抚衙门旧址建立"史坚如烈士纪念碑"。史坚如祠、墓、碑原址位于广州东郊青菜岗，1978年迁至黄花岗七十二烈士陵园。

作为久历戎伍之人，李鸿章之言，刘永福深以为然。无奈，德寿新官上任，唯上是从，日日以谕旨为由，催促黑旗军进京。刘永福稍有迟缓，则当面嘱咐："现日上谕要你勤王，你何不速行打点耶？"

如今，巡抚衙门被炸，之前唯命是从、坚持勤王的德寿，却慌了神。一日之内，韶关、长沙、湘潭三路去电。刘永福暗想，早知今日，何必硬要坚持黑旗军北上勤王？当日自己甚至提出只带 400 人，到北方再行招募，考虑的就是把精锐留在广东以防意外，今日不仅勤王无望，回剿亦复不及。

刘永福回粤后，革命党已四散潜伏，各营被派往惠州等地驻扎，此后黑旗军不断被分散削弱，直至全部解散。部队散去，惯于带兵打仗的刘永福伤感不已，请求不再担任任何职务。多次请辞后，刘永福于 1904 年得以去职，返回钦州。

刘永福官服

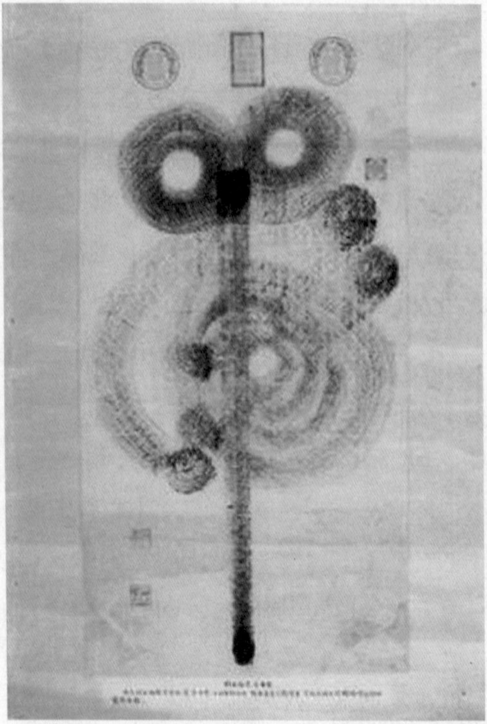

刘永福虎字中堂，现藏于广西壮族自治区博物馆，纵134厘米，横66.8厘米，宣纸墨笔草书，正上方钤“记名提督统领福字全军关防”长方篆书朱文印。左右分别钤“越南爵天朝将军”圆形篆书朱文印和“领海镇压”外方内圆朱文印，左下方钤“渊亭”“臣刘永福”印。

1911年，革命烈火燃遍全国，广东更是因革命人士云集而成为近代民主革命的策源地。此时，74岁高龄的刘永福，再也无法安心在乡间闲住。眼见时局动荡，他亟须了解外界情况，想更清晰地看清这个时代。这年，刘永福结束了乡居生活，特意前往广州城。此时的刘永福不能说没有报效清廷的意念，然而终因大势已去，且黑旗军已散，自己又渐年迈，早年拼搏的锐气业已不复存在。面对此起彼伏的革命号角，这位久经沙场的老将也无可奈何。

10 月 10 日，武昌起义爆发，预示着一个旧时代的结束。

此时，刘永福正在广州城内的刘家祠。

刘家祠即刘氏家庙，位于今广州大道中路，始建于 1898 年，建成于 1900 年，是刘永福在广州营建的居所。

刘家祠所在的白云山南麓、沙河水旁，是上佳的居住之地。这里，曾有无数达官贵人和名人出入，其中较为特殊的一位，便是越南革命领袖潘佩珠。

20 世纪早期，越南与中国一样，面临着本国传统势力和外来力量的双重统治。中法战争后，中国势力渐渐退出越南，法国对越南的影响越来越大。为推翻法国在越南的殖民统治，越南革命人士进行了艰苦卓绝的斗争。因地缘因素，中国南方的大都市广州成了越南革命最重要的海外基地。

小贴士

潘佩珠（1867—1940）：号海树，别号巢南，原名潘文潸，越南义安省南坛县人，是越南著名的革命家和思想家。受康有为、梁启超维新思想的影响，潘佩珠组织维新会，在政治上倾向于君主立宪。1905 年潘佩珠来到日本，1908 年遭日本政府驱逐，此后辗转流亡到中国与泰国，受中国辛亥革命影响，成立越南光复会，从事革命斗争。潘佩珠还是越南著名的革命文学家，传世著作有《巢南文集》《越南亡国史》《黎太祖传》等。

由于刘永福在越南的特殊经历，其本人对越南有着深厚的感情，对越南革命者有着天然的亲近和同情，他在广州的家——刘家祠，也就成了越南革命者经常光顾之处。

1906 年，潘佩珠来到广州，拜会景仰已久的黑旗军领袖刘永福。69 岁的刘永福不避劳顿，与潘佩珠彻夜畅谈越南时局与往事。潘氏后来回忆见到刘永福时的心情："予此时崇拜英雄之心，不觉为刘倾倒。"此后，刘永福利用自己的身份作掩护，把刘家祠提供给越南革命者作为据点开展活动，在这里居住的越南革命人士，最多时达 50 多人。就在刘永福与潘佩珠初次相见的这一年，越南革命者在此成立了自己的组织，即大名鼎鼎的越南光复会，其口号"驱逐法贼，恢复越南，建立越南共和民国"，与同时期中国革命团体的口号非常相似。1907 年，在刘永福亲自安排下，潘佩珠回到越南，领导抗法斗争。

刘氏家庙

小贴士

刘氏家庙：即刘家祠，位于广州大道中路大洲地 2 号，为刘永福 1898 年修建，坐北朝南，分前后两进，院落式布局，占地 3000 多平方米，建筑面积 1147 平方米。主体建筑为头门和正殿，两侧设廊庑，前后座以天井隔开，头门门顶嵌“刘氏家庙”楷书石额。大堂供奉有刘氏先祖和刘永福父母牌位。右侧为忠义祠，祭祀黑旗军阵亡将士。刘氏家庙抗战时期遭到毁坏。新中国成立后多次修缮，1989 年公布为广州市文物保护单位，2008 年公布为广东省文物保护单位。

作为一个与旧时代联系紧密又与新时代有所牵扯的人，面对革命，刘永福的态度是微妙的，一方面他同情革命，另一方面他又是清朝官僚系统中的一员。尽管他对旧政权有私怨，但仍是既得利益者，革命带来的不确定变化，是他无法预知的。面对并不明朗的局势，刘永福有些忐忑，无论哪一方最终胜利，他都有可能受到冲击，因此，在革命如火如荼地展开时，刘永福曾前往香港短暂避难，暗中观察。待广东宣布独立，形势稍稳后，始返回广州。

一天，刘家祠迎来了一群特殊的客人，为首的叫何克夫，自称代表胡汉民，邀请刘永福帮助维持局面。

小贴士

何克夫（1879—1949）：字筱园，号知止，广东连县人，毕业于广东将弁学堂，后进入日本陆军士官学校学习。1905年加入同盟会，归国后任广西讲武堂教官，在新军中宣传革命和开展策反工作。先后参加孙中山领导的惠州、钦廉、镇南关、河口等地的武装起义。中华民国成立后任广东民团总局民团总长。1915年反袁时任中华革命军北路讨逆军总司令。1917年任广东军政府中将参军。1942年任国民政府监察院监察委员，第四战区司令部中将参议。1949年4月22日下午在广州陆军总医院去世，终年70岁。

何克夫

胡汉民

胡汉民何许人也？胡汉民，即当时广东的最高军政长官。此人生于 1879 年，字展堂，别号不匮室主，广东番禺人，祖籍江西吉安，系同盟会早期骨干，孙中山的得力助手，国民党早期的重要领导人。胡汉民是当时颇有影响的资产阶级革命宣传家和理论家，对孙中山的三民主义多有阐发，在反对康有为、梁启超"保皇派"和宣传资产阶级革命中发挥了重要作用。现在台湾的新北市、高雄市，均有汉民路，今天广州的北京路，民国时期也叫过汉民路，这些地名，都是国民党为纪念胡汉民命名的。

当时，广东革命成功，军政府成立，胡汉民就任大都督。广州的革命党人以两广地区青年为多，这些革命党人在少年时期，多多少少对刘永福抗法故事有所耳闻，孙中山即说过："余少小即钦慕我国民族英雄黑旗刘永福。"作为孙中山的追随者，胡汉民亦久闻刘永福大名。革命成功后，胡即派人前往刘家祠，以"种族革命"为说辞，告知刘永福，清朝统治者乃满人，并非汉人，劝其弃旧迎新，加入革命队伍。

清朝末期，革命党人以满人为异族做宣传，在斗争策略上取得了很大成功，很多人在"种族革命"的口号下，加入反对清政府的斗争。刘永福无疑接受了这种思想。当时广州城内纷乱不已，刘永福迫切需要与新政府领导人物一见。

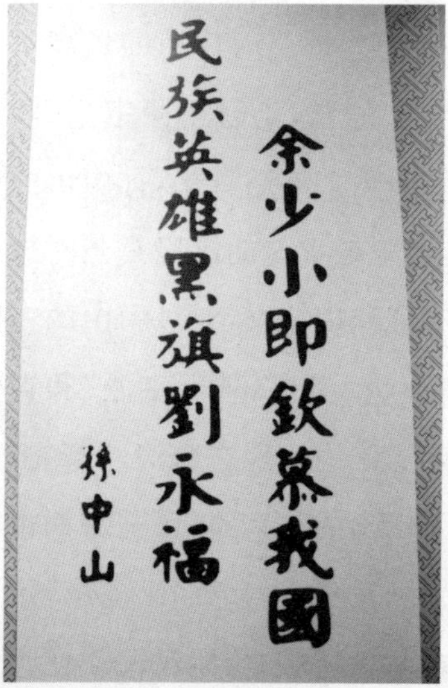

孙中山手迹

对军政府而言，新政权刚刚成立，千头万绪，纷繁复杂，30 出头的大都督胡汉民显然需要更多帮手。作为名人，刘永福自然是争取对象。在革命党看来，刘永福是同情革命的，故革命成功之初胡汉民即登门拜访。

胡、刘相见，胡汉民即言："现在之事，虽然仰仗先生得以反正，复还汉土，但刻下之事，专望老先生助我一臂之力。我今不过一总理而已，所有兵权一切事务，专望老先生统辖也。"

晚年刘永福

刘永福推辞："我今年纪比壮岁不同，且部下少在左右，焉能担承如许重任耶。"

胡又说："尔老先生无论如何总要帮忙帮忙才是。"

次日，刘永福即接到胡汉民派人送来的正式公文，称各路民军统领，均归刘永福节制。

此即刘永福任广东民团总长之经过。

上任伊始，刘永福发布通告：

现准粤省军政府大都督胡，以各路民军必须设立统一机关，以资总摄，特照会永福任全省民团总长。永福年七十余矣，精力衰惫，惧不克胜。顾念吾粤此次和平改革，光复故物，民军会集省会，而外属土匪，动假民军名目四处劫掠，其稍存秩序者，亦勒缴械，勒捐款，怨咨载道，大局岌岌。永福本粤人之一分子，亦军人之一分子，恐污衊粤人、军人名誉。重以大都督与统领之谆劝，不得不勉出任事，期效力于万一，而维救之。

当时新政府财政困难，兵勇难以为继，加之十万人马，事务繁多，刘永福以年老之躯任繁重之军务，苦不堪言。如此一月有余，12 月初，孙中山在南京就任中华民国临时大总统，作为孙中山的亲密战友和得力助手，胡汉民离开广东，就任大总统府秘书长。人事更迭之时，刘永福借机辞去民团总长一职。

小贴士

二十一条：系日本企图全面控制中国的秘密条款。1915 年 1 月 18 日，日本驻华公使日置益觐见中国大总统袁世凯，递交了“二十一条”的文件。该条款妄图把中国的内政和外交都置于日本控制之下，并要求中国政府“绝对保密，尽速答复”。

此后，刘永福离开广州，返乡闲居，其间虽无官无职，却仍心系天下，忧心国家大事。

第一次世界大战爆发后，日本出兵山东青岛，击败了德租界里的德军，此后，日本向中国政府提出撤军条件，内容包括十四条要求和七条愿望，这就是臭名昭著的“二十一条”。当时英、美、俄等列强无暇东顾，均不愿因中国与日本发生冲突，中国在外交上困境重重。刘永福闻讯后，忧愤不已，以 78 岁之高龄，毅然电请抗日。

“渊亭款”福寿碗

刘义亭

1917 年 1 月 9 日，80 岁的刘永福，在忧郁中走完了波澜壮阔的一生。为颂扬刘永福的丰功伟绩，他生活和战斗过的地方，后人采取各种方式来纪念这位民族英雄。

广西钦州，刘永福的那良旧居，钦州城内“三宣堂”旧居，这些刘永福昔日生活过的地方，作为文物保护单位被保存下来，成为了解刘永福生平的重要基地。

广东广州，这个刘永福足迹踏遍的城市，我们至今仍能找到他和黑旗军留下的痕迹。他的居所刘氏家庙依旧完好地保存着，并成为广东省文物保护单位。广州当地还有以他的名字命名的永福路、永福村。在当年黑旗军的驻地后人建起了刘义亭来纪念刘永福和黑旗军。

刘永福墓

小贴士

刘义亭:属中山大学石牌旧址建筑,位于今华南理工大学北区 4 号楼西,始建于民国二十六年(1937),由时任国民政府湖南省主席何芸樵捐资千元所建。刘义亭在"文革"中遭破坏,1988 年按原貌重修,纪念碑被从亭前方迁至亭中央。匾和纪念碑均为原件,坐东北朝西南。亭高 6 米,边长 2.2 米,建筑占地面积 20 平方米。刘义亭为中西结合式建筑风格,以中式传统建筑样式为主,屋檐悬挂有"刘义亭"木匾,原为时任中山大学校长邹鲁所书,现已被涂。亭内中央立有一块纪念石碑,碑身高 1.02 米,宽 0.57 米,厚 0.21 米,碑座高 0.61 米。碑文亦为邹鲁书写。碑文如下:本校校地为刘义将军营寨之遗址。湘主席何芸樵先生捐资千元,建筑此亭而留纪念。登斯亭者,诚能继将军御侮之志,则民族复兴可指日焉。校长邹鲁(印)(印)。中华民国二十六年五月二十四日。

台湾的台南市、台中市西屯区、桃源市中坜区、屏东县屏东市、彰化县永靖乡、高雄市前镇区等地,为纪念刘永福保台抗日之功,均有以其名字命名的永福路。

此外，广西钦州市、台湾台南市还分别设有以刘永福命名的永福小学和永福“国小”。

刘义亭碑

参考书目

1. 商务印务馆编译所编辑:《大革命写真画》,商务印书馆 1912 年版。

2. 刘永福口述,黄海安撰文,罗香林辑校:《刘永福历史草》,台北中正书局 1947 年版。

3. 中国史学会编:《中法战争(1—7)》,上海人民出版社、上海书店出版社 2000 年版。

4. 陈建华编:《广州文物普查汇编》,广州出版社 2008 年版。

5. 潘郁生、蒋廷瑜著:《刘永福遗迹遗物简述》,收入广西壮族自治区博物馆编《广西博物馆文集(第六辑)》,广西人民出版社 2009 年版。

6.《刘永福历史草》,收入于逢春等主编《中国边疆研究文库・初编》第 9 卷,黑龙江教育出版社 2014 年版。

7. 王柏中等辑:《〈大南实录〉中国西南边疆相关史料辑录》,社会科学文献出版社 2015 年版。

8. 徐平主编:《甲午战争・中日军队通览》,解放军出版社 2015 年版。

9. 赵省伟、李小玉编译:《遗失在西方的中国史——法国彩色画报记录的中国(1850—1937)(上)》,中国计划出版社2015年版。